Feggy Ostrosky-Solís

Conversaciones con

José Gutiérrez Vivó

¡Toc, toc! ¿Hay alguien ahí?

Cerebro y conducta

Manual para usuarios inexpertos

InfoRed

Información de Buena Fuente

Editorial

LA PRESA 212. SAN JERÓNIMO
LÍDICE. C.P. 10200 MÉXICO, D.F.

Coordinación General
Alicia Ibargüengoitia

Coordinación Editorial
José Luis Morales Baltazar

¡Toc, toc! ¿Hay alguien ahí?
Cerebro y conducta. Manual para usuarios inexpertos
Derechos registrados ante la Dirección General de Derechos de Autor-SEP.
Primera edición: México, D.F., 2000
Derechos reservados © 2001 por:
Feggy Ostrosky-Solís
ISBN: 968-5391-00-9

Producción Editorial
José Carlos Morales Baltazar
Arte Gráfico 56.72.90.33
e-mail: artegrafico@infosel.com

Portada
Ramiro Solís Martínez

Impreso en México - *Printed in Mexico.*

Feggy Ostrosky-Solís

Conversaciones con
José Gutiérrez Vivó

¡Toc, toc! ¿Hay alguien ahí?
Cerebro y conducta
Manual para usuarios inexpertos

4a. reimpresión

InfoRed
Información de Buena Fuente
Editorial

Índice

• • • • • • • • • • • • •

¡Toc, toc!
¿Lee alguien ahí?

➡ ¿Desayuna usted diariamente?

➡ ¿Es usted feliz en su matrimonio?

➡ ¿Vive solo o sola y no tiene amigos y ni siquiera una mascota?

➡ ¿Es de las personas que desenfunda el teléfono celular a la menor de las provocaciones?

➡ ¿Cuántas veces al año practica usted el sexo?

➡ ¿Usa hilo dental?

➡ ¿Prendió fuego a sus libros al salir de la universidad?

➡ ¿Acostumbra usted rezar por las noches?

➡ ¿Cuántas veces sonríe usted al día?

De ningún modo se trata de preguntas capciosas, sino que forman parte de una larga lista de conductas o formas de ser que se relacionan directamente con nuestra salud y bienestar y que hasta hace todavía muy poco ni siquiera imaginábamos.

➡ Desayunar todos los días nos hace 1.1 años más jóvenes.

➡ Vivir felizmente casados también alarga nuestra existencia.

➡ Tener amigos y frecuentarlos es mejor para la salud que vivir solos y sin siquiera un perro o un gato para compartir el día con alguien.

➤ Usar teléfono celular disminuye en 3.5 años la esperanza de vida.

➤ El sexo no sólo mejora la respiración y circulación sanguínea, sino que fortalece nuestro corazón.

➤ Usar hilo dental puede ser la diferencia entre estar sano o enfermo.

> **66**
> **En una palabra, la clave del envejecimiento exitoso consiste en mantener activo el cerebro y vivir sanamente.**
> **99**

➤ Leer, estudiar y seguir preparándose intelectualmente es una de las conductas características de las personas longevas en todo el mundo.

➤ Rezar es altamente saludable. La fe da un sentido de esperanza y de control a la vida y disminuye el estrés.

➤ La risa reduce la ansiedad, la tensión, el estrés y esto contribuye a fortalecer nuestro sistema inmunológico.

En una palabra, la clave del envejecimiento exitoso consiste en mantener activo el cerebro y vivir sanamente.

De un auto, de una computadora, de aparato de sonido, de una simple bicicleta sabemos muchas cosas. Cómo operan, por qué fallan. ¿Pero quién sabe cómo funciona el cerebro? ¿Qué sucede en nuestra cabeza cuando recordamos algo, cuando estamos tristes o alegres? ¿Dónde se encuentra la memoria? ¿Dónde la conciencia? ¿Cómo se puede mejorar la atención? ¿Qué es la inteligencia?

Tal vez sea mucho más lo que al final de este milenio sepamos del universo exterior, que de esa diminuta caja que todos llevamos cargando sobre los hombros y que tantas maravillas nos ha permitido conocer como, también, tantos dolores de cabeza nos ha dado a lo largo del brevísimo historial del hombre sobre la tierra.

De esto, y mucho más, hemos podido conversar con la doctora Feggy Ostrosky en las siempre sustanciosas participaciones que ha tenido en *Monitor* desde hace un buen tiempo y cuyo interés en el público se ha reflejado en multitud de llamadas a nuestro programa.

La doctora Ostrosky, con su entusiasmo y gran sabiduría en torno a los misteriosos laberintos del cerebro y la mente humana, y nosotros con el afán socrático de ignorarlo y preguntarlo todo para servir mejor a usted, hemos logrado construir, creo, un diálogo amistoso en el que el objetivo principal ha sido el de bajar la ciencia del cielo a la tierra y ponerla al alcance de todo mundo para una mejor comprensión de lo que somos y hacia dónde vamos.

> **"**
> **Tal vez sea mucho más lo que al final de este milenio sepamos del universo exterior, que de esa diminuta caja que todos llevamos cargando sobre los hombros y que tantas maravillas nos ha permitido conocer como, también, tantos dolores de cabeza nos ha dado a lo largo de la brevísimo historial del hombre sobre la tierra.**
> **"**

Afortunadamente, Feggy Ostrosky tiene el maravilloso don de la palabra hablada y escrita y la pasión de enseñar, y sus frecuentes intervenciones en *Monitor*, más que una cátedra universitaria, se han convertido en un espacio lúdico y gozoso para aprender de manera informada y divertida un poco al menos de ese otro mundo que todos llevamos a bordo con más de cien mil millones de neuronas y millones y millones más de relaciones entre éstas.

¡Toc, toc! ¿Hay alguien ahí? Cerebro y conducta. Manual para usuarios inexpertos, más que un recuento simple y llano de las conversaciones con la reconocida autora de este libro frente a los micrófonos de nuestro programa, es una breve guía sobre la mente y la conducta humanas, concebida y diseñada *ex profeso* para quienes, habiendo escuchado de viva voz nuestras conversaciones con la doctora Ostrosky, deseen profundizar en algunos de los temas tratados o incursionar en otros con la amplitud y la tranquilidad que a veces la radio no permite.

Así, el público en general encontrará en esta obra un texto básicamente de divulgación científica, preciso, actual y autorizado, pero también ameno y sumamente accesible, al estilo de lo que decía el español José Ortega y Gasset: "la claridad es la cortesía del filósofo".

Durante más de un cuarto de siglo, *Monitor* ha marcado el paso en la tarea de informar y servir a sus radioescuchas en todos los aspectos del mundo de las noticias, en donde hemos sido líderes desde entonces; así mismo, ha establecido pautas en el propósito de divulgar los avances más notables del conocimiento en todos los terrenos del saber universal, a través de la convocatoria en nuestro espacio de los mejores especialistas en cada materia.

El libro de la doctora Ostrosky, que ahora se publica bajo el sello editorial de *Infored*, forma parte sin lugar a dudas de este importante proyecto informativo, por lo que esperamos sea de interés y utilidad para usted, principio y razón de ser de nuestra empresa.

José Gutiérrez Vivó

El cerebro
detrás de todo

Durante los años recientes, el desarrollo de la ciencia y la tecnolo
gía ha permitido al ser humano contemporáneo vivir en mejores
condiciones que las que ha tenido en el resto de su historia. Hoy,
habitamos el mundo moderno, el de las computadoras, los viajes espaciales, los descubrimientos genéticos, un nuevo mundo lleno de avances espectaculares en áreas del conocimiento, como la física, la química,
la astronomía, la biología, la neurología y la psicología, por mencionar
sólo algunas.

En este panorama, el conocimiento acerca de nuestro cerebro también ha progresado significativamente. Ahora entendemos mejor cómo
se producen el lenguaje, el reconocimiento del medio que nos rodea,
el pensamiento, la memoria, los sueños y la tristeza. Asimismo, sabemos, cada vez más y mejor, cómo surge de nuestro cerebro la *actividad mental* y el *comportamiento*.

En el umbral del siglo XXI disponemos de técnicas que nos permiten explorar el interior de cerebros vivos y estudiar su funcionamiento.
Por increíble que parezca, en los últimos 10 años hemos aprendido
más sobre la mente humana que en los veinte siglos anteriores.

Los avances relacionados con el estudio del cerebro son múltiples
y variados. Por ejemplo:

➠ Con ayuda de nuevas tecnologías, científicos de todo el mundo intentan localizar la actividad cerebral que crea experiencias específicas (incluyendo emociones, como el amor, el odio, el miedo) y, en general, entender la relación entre la mente y el cerebro.

➠ En la actualidad es posible localizar y ver físicamente lo que sucede en el cerebro de personas deprimidas, estudiar las bases biológicas de la violencia, y conocer mejor el origen de enfermedades degenerativas, como la de Alzheimer o el mal de Parkinson. Los resultados promueven la salud pública y aumentan la calidad y expectativa de vida del ser humano.

> **66**
> **Descubrimientos recientes evidencian que las neuronas del cerebro adulto sí pueden regenerarse después de una lesión o una enfermedad.**
> **La capacidad de autorreparación de este órgano implica una esperanza para el tratamiento de embolias y enfermedades degenerativas.**
> **99**

➠ La ciencia moderna ha dejado de atribuir las enfermedades de la mente a causas sobrenaturales. La locura ya no se explica como posesión diabólica o como producto de una piedra en la cabeza. En la actualidad, los trastornos mentales se estudian a partir de sus bases bioquímicas y neuroanatómicas. Entender la patofisiología de estas enfermedades ayuda a diagnosticarlas mejor, así como a desarrollar tratamientos más efectivos y, en el futuro, quizás a prevenirlas.

➠ Contrario a lo que un viejo dogma afirmaba, descubrimientos recientes evidencian que las neuronas del cerebro adulto sí pueden regenerarse después de una lesión o una enfermedad. La capacidad de autorreparación de este órgano implica una esperanza para el tratamiento de embolias y enfermedades degenerativas, e incluso abre la posibilidad de recrear partes del cerebro.

➠ Otros hallazgos se relacionan con la memoria y sus alteraciones: cómo almacena información nuestro cerebro y cómo este conocimiento nos ayuda a mejorar la administración y evocación de la información.

Hay quienes opinan que la ciencia se dirige sólo hacia el conocimiento externo, por ejemplo a descubrir información acerca del medio que nos rodea. Pero la ciencia también moldea el marco con el que miramos el mundo. Existe algo especial y diferente en el autoconocimiento, es decir, en aprender y conocer acerca de nosotros mismos. Por ejemplo, comprender cómo funciona la memoria, el lenguaje y el pensamiento, así como saber cuáles son sus bases biológicas, nos enriquece al acercarnos a nuestro yo interno, mejora nuestra calidad de vida y, sin duda, nos humaniza. Por tanto, a pesar de que el

> **66**
> **La función social de la ciencia no ha sido tan impactante como su progreso, pues la mayor parte de las veces su información no trasciende más allá de los laboratorios o queda restringida a las comunidades científicas y de índole cultural.**
> **99**

conocimiento científico de las estrellas, los átomos o de las especies tiene un impacto importante en nuestra visión del mundo, el conocimiento científico acerca de nosotros mismos conlleva implicaciones inmediatas acerca de lo que valoramos.

Veamos un caso específico. Una necesidad humana fundamental es la de ser aceptados y valorados por las personas que nos rodean. En este aspecto, la comunicación no verbal desempeña un papel muy importante en nuestra interacción con otros. La investigación sugiere que entre 60 y 65 por ciento del significado social se deriva de conductas no verbales. Diversos estudios han demostrado que las personas interpretan mensajes basándose o apoyándose más en claves de comunicación no verbal que en claves verbales. La comunicación no verbal es importante en la expresión de emociones, formación de impresiones y comunicación de mensajes de relación, como intimidad y dominancia. Informaciones recientes señalan que existen diferencias entre los hombres y las mujeres en la sensibilidad, la identificación y el uso de la comunicación no verbal. El estar consciente de estas claves puede mejorar nuestra comunicación con los demás y la aceptación de nosotros mismos, contribuyendo así a nuestra satisfacción vital.

En relación con la comunicación verbal, puede afirmarse que una de las características particulares del ser humano es su capacidad para comunicar a otros lo que ha aprendido y, al hacerlo, crear culturas, formas de vida e ideas que pueden transmitirse de una generación a otra. Los logros humanos cada vez son mayores; sin embargo, el tamaño o estructura del cerebro no se ha incrementado significativamente en relación con los cerebros de los primeros *Homo sapiens*. Lo que ha determinado cambios culturales y ha favorecido el progreso durante estos miles de años no es un incremento en el tamaño o la estructura del cerebro, sino en la capacidad intrínseca de éste para capturar lo que hemos aprendido mediante la comunicación oral y escrita, y para transmitirla y enseñarla a los demás.

El uso del lenguaje oral y escrito es una de las principales diferencias entre el aprendizaje del ser humano y el de otras especies animales. Es este conocimiento el que, por ejemplo, nos permite transmitir información a otros miembros de la especie para prevenirlos de experimentar con ambientes nocivos y, además, enriquecernos con el conocimiento acumulado disponible.

Sin embargo, la función social de la ciencia no ha sido tan impactante como su progreso, pues la mayor parte de las veces su información no trasciende más allá de los laboratorios o queda restringida a las comunidades científicas y de índole cultural.

Cerebro y conducta. Manual para usuarios inexpertos es una obra que intenta llenar ese vacío de divulgación científica. En sus páginas, el lector conocerá cómo se producen los procesos de envejecimiento, qué razones existen desde el punto de vista de la ciencia para que una persona sufra de miedos patológicos o fobias, cómo se mantiene y administra la memoria, y muchos otros temas relacionados con el maravilloso mundo del cerebro.

Cerebro y conducta. Manual para usuarios inexpertos está dirigido a todo tipo de público y cumple la función social de difundir los conocimientos científicos a través de un lenguaje comprensible y de orientaciones accesibles a cualquier lector. Las ideas aquí expresadas son resultado de años de labor científica de múltiples investigadores en todo el mundo, quienes han dedicado su vida a obtener este conocimiento. Cualquier semejanza entre lo expuesto en este libro y lo expresado por otros investigadores en muchos otros artículos no es accidental. Mi principal intención es divulgar un resumen de algunos conocimientos sobre el cerebro que pueden implicar un incremento en el bienestar humano.

Espero que *Cerebro y conducta. Manual para usuarios inexpertos* sea la demostración de que la ciencia es para todos y que, además, ésta no tiene por qué estar reñida con el entretenimiento.

Quiero hacer un reconocimiento a todas las personas que colaboraron de una u otra manera en la realización de esta obra, y en especial al doctor Alfredo Ardila Ardila, amigo e investigador de reconocido prestigio internacional, quien efectuó la revisión técnica y enriqueció con sus comentarios este manuscrito.

Agradezco a mi querido esposo Raúl el apoyo, la paciencia y el amor incondicional que me ha brindado durante la realización de este trabajo. Y a mis hijos Alejandro, Alan y Arela, quienes han compartido las experiencias vividas a través de la preparación de este libro y quienes han sufrido, o ... ¡gozado!, la ausencia de tiempo que no pude dedicarles.

Feggy Ostrosky-Solís

Caras vemos...
edades no sabemos

DIFERENCIAS ENTRE LA EDAD CRONOLÓGICA Y LA EDAD BIOLÓGICA

No existe una definición perfecta del envejecimiento, pero al igual que el amor y la belleza, sabemos lo que es cuando la experimentamos o cuando la vemos. Incluso muchas personas han adquirido la capacidad para estimar, a simple vista, la edad cronológica de otros. Sin embargo, la determinación subjetiva que se basa en la apariencia física frecuentemente es errónea, ya que la edad en años no es siempre idéntica a la edad biológica.

La ciencia hace esta distinción crucial. Las personas envejecen en forma similar hasta el final de los 20 y mitad de los 30 años de edad. Con excepción de aquellos que heredan una enfermedad genética o tienen un accidente serio, casi todos somos sanos a los 20 años.

Por lo que respecta al género, los hombres alcanzan la cima de su ejecución al final de los 20 y las mujeres a la mitad de los 30. En ambos casos, nuestros cuerpos están maduros, fuertes y agudos mentalmente en algún punto entre los 28 y los 36 años de edad. De ahí en adelante, dejamos de crecer y comenzamos a envejecer.

En general, las funciones biológicas disminuyen 3 a 6 por ciento cada década después de los 35 años. Pero la variación entre distintas personas es muy grande. Hay quienes a los 70 años se encuentran muy enfermos del sistema cardiovascular y otros de la misma edad que corren maratones.

La mayor parte de las personas son más sanas y alcanzan la cima de su ejecución física durante su adultez temprana. Así, 9 de cada 10 personas entre 17 y 44 años de edad, ven su propia salud como buena o excelente. En relación con adultos mayores, los adultos jóvenes tienen menos problemas de salud. Si un adulto joven es hospitalizado casi siempre es debido a un accidente; o si es una mujer, porque está dando a luz.

El aumento en la duración promedio de vida representa uno de los aspectos más sobresalientes del mundo contemporáneo. Gracias a los avances en la salud pública, la esperanza de vida al nacimiento se ha incrementado notablemente. Esta situación ha aumentado más en los últimos 100 años que en los 2000 años anteriores. Los romanos antiguos vivían un promedio de 22 años. En 1920 la esperanza de vida global era alrededor de 45 años y actualmente la esperanza de vida global es de 65 años, con un rango de 38 años en Sierra Leona hasta 80 años en Japón. En México, en 1950 la esperanza de vida para el hombre era de 49 años

> **66**
> **Gracias a los avances en la salud pública, la esperanza de vida al nacimiento se ha incrementado notablemente. Esta situación ha aumentado más en los últimos 100 años que en los 2 000 años anteriores. Los romanos antiguos vivían un promedio de 22 años. En 1920 la esperanza de vida global era alrededor de 45 años y actualmente la esperanza de vida global es de 65 años, con un rango de 38 años en Sierra Leona hasta 80 años en Japón.**
> **99**

> **"**
> La ciencia moderna tiene por lo menos seis teorías diferentes acerca de las causas del envejecimiento. Todas con algo de credibilidad y fundamento.
> **"**

y 52 para la mujer; para 2020 se sitúa en 69.4 para el hombre y 74.5 años para la mujer.

El crecimiento de personas mayores de 80 años es más espectacular. En 1950 la población representada por este grupo sumaba 13 millones de personas, actualmente es de 50 millones y para el año 2025 se anticipa una cifra de 137 millones.

Las proyecciones para los próximos 30 años anticipan una expectativa de vida entre 110 y 120 años. Para algunos, estas cifras resultan alarmantes, sobre todo si consideramos que en casi todo el mundo la edad de retiro laboral se da a los 65 de edad. Esto podría implicar hasta 55 años de vida económicamente improductiva y dependiente del sistema de salud pública o de la seguridad social.

Durante los años recientes, la ciencia se ha preguntado si la investigación del envejecimiento contribuye a una vida mejor o si sólo ayuda a que el ser humano logre una vida más larga. La frase paradójica: "morir joven, pero lo más tarde posible" refleja la búsqueda por la calidad de vida en la vejez, a lo cual la investigación debe estar abocada.

¿Qué significa envejecer?

No importa qué sea o lo que ocurra durante el lapso de la vida, una cosa está garantizada para todos: vamos a envejecer cada día un poco más. Ésta es una de las promesas de la vida. Podemos alentar el proceso de envejecimiento, pero no detenerlo. La mayor parte de las enfermedades que confrontamos hoy en día –cáncer, artritis y alteraciones cardiacas–

raramente se presentan antes de que nuestros cuerpos empiecen a mostrar señales de vejez. Su inicio, los famosos "achaques", define el momento cuando empezamos a sentirnos viejos.

Sorprendentemente, no sabemos con exactitud por qué envejecemos, aun cuando el envejecimiento es uno de los procesos biológicos más evidentes. La explicación del envejecimiento es simple: nuestros cuerpos fueron diseñados para envejecer. El envejecimiento está construido dentro de nosotros y hasta ahora nadie puede decir con precisión el porqué. La ciencia moderna tiene por lo menos seis teorías diferentes acerca de las causas del envejecimiento. Todas con algo de credibilidad y fundamento.

⇒ Algunos científicos piensan que el cuerpo está programado para morir. Los genes preparan las células para que se dividan un cierto número de veces, después, nuestros cuerpos comienzan a fallar. Esto se conoce como la teoría de los telómeros, que son los elementos genéticos que controlan el numero de divisiones celulares.

⇒ Otros postulan que existe una degradación general de los sistemas neuroendocrinos –es decir, el sistema neurológico y hormonal que regula el desgaste final del organismo–, lo que nos hace más susceptibles a una variedad de enfermedades.

⇒ La hipótesis de uso y desgaste considera que las células que viven con nosotros envejecen y nos hacen viejos.

⇒ Se dice también que nuestro cuerpo eventualmente construye toxinas y productos de desecho que hacen que la actividad corporal disminuya. Estos desechos pueden afectar la estructura y actividad de nuestro sistema nervioso.

⇒ Otra teoría supone que el cuerpo acumula radicales libres –que son oxidantes que dañan los órganos y el DNA–, haciendo que envejezcamos. Un corolario de esta teoría es el de la toxicidad de la glucosa, que tiene que ver también con acumulación de desechos dentro de nuestro cuerpo.

 Una más es la ley de la entropía, la cual señala que en el mundo hay un movimiento continuo de degradación, un cambio permanente en todo; nuestro cuerpo está en actividad permanente y estos cambios marcan el envejecimiento.

A pesar de que nadie sabe todavía por qué envejecemos, sabemos –por lo menos en parte– qué es lo que envejece.

El envejecimiento no sólo es un acontecimiento, sino muchos eventos sumados, desde las arrugas hasta el desgaste de nuestro corazón. El envejecimiento no sucede como un fenómeno metafísico misterioso. Ocurre en áreas particulares, esto es: las arterias se tapan, surge artritis, las partes se empiezan a desgastar, las heridas no se curan tan rápido como antes, etcétera. El envejecimiento es toda una cascada de eventos acumulados.

> **66**
> **¿Por qué cuando leemos que 3 de cada 100 mujeres van a tener cierto tipo de cáncer y 2 de cada 100 hombres sufrirán una embolia, no es suficiente para convencernos de llevar una vida más sana? Quizás la razón sea que vemos muy remotas estas situaciones.**
> **99**

Hay personas que se ven y se comportan como más viejas o más jóvenes de lo que cronológicamente son. ¿Qué podemos hacer para envejecer más lentamente?

Deberíamos pensar que la salud no es simplemente la prevención de las enfermedades sino, ante todo, la prevención del envejecimiento. ¿Por qué cuando leemos que 3 de cada 100 mujeres van a tener cierto tipo de cáncer y 2 de cada 100 hombres sufrirán una embolia, no es suficiente para convencernos de llevar una vida más sana? Quizás la razón sea que vemos muy remotas estas situaciones. Sin embargo, una verdad indudable es que llevar una vida más sana nos hará –a la larga– biológicamente más jóvenes.

Factores relacionados con el envejecimiento

Existen factores que están estrechamente relacionados con el envejecimiento, como:

- el buen funcionamiento del sistema cardiovascular,
- la integridad del sistema inmunológico,
- el medio ambiente, y
- el estilo de vida que se practique.

El sistema cardiovascular representa el sistema de transporte de nutrientes en el cuerpo y el sistema inmunológico nos protege de las enfermedades, siendo en consecuencia un sistema de seguridad. Por su parte, el medio ambiente y el estilo de vida que llevemos puede incrementar el riesgo de padecer problemas de salud, así como el de sufrir accidentes y heridas.

Sistema cardiovascular

Muchas veces se ha afirmado que tenemos la edad de nuestras arterias. Y en verdad, el envejecimiento de éstas es uno de los factores más importantes en el proceso general de envejecimiento. Si no cuidamos

adecuadamente nuestras arterias, se tapan con grasa y esto disminuye la cantidad de oxígeno y nutrientes que llega a las células. Cuando esto sucede, no sólo el sistema cardiovascular, sino todo el cuerpo envejece más rápido.

> **66**
> **Ataques cardiacos, embolias, enfermedades vasculares son causadas por envejecimiento de las arterias. Si nos cuidamos podemos aumentar hasta 20 años nuestras posibilidades de vida. La presión arterial es un marcador del envejecimiento arterial. Hay que mantener la presión sanguínea al nivel ideal de acuerdo con nuestra edad cronológica.**
> **99**

En algunos países, las enfermedades cardiovasculares causan la muerte de más de 40% de la población y dejan secuelas en más de la mitad de los que sobreviven. Si procuramos tener en buenas condiciones nuestro sistema cardiovascular, mejor nos sentiremos y más alta será nuestra probabilidad de supervivencia. Prevenir el envejecimiento arterial en consecuencia reduce nuestra edad biológica. Ataques cardiacos, embolias, enfermedades vasculares son causadas por envejecimiento de las arterias. Si nos cuidamos podemos aumentar hasta 20 años nuestras posibilidades de vida. La presión arterial es un marcador del envejecimiento arterial. Hay que mantener la presión sanguínea al nivel ideal de acuerdo con nuestra edad cronológica.

La segunda causa de envejecimiento arterial es la arteriosclerosis, que se presenta cuando se acumula grasa (plaquetas lípidas) en las paredes arteriales. Si logramos reducir esta acumulación, nuestras arterias funcionarán mejor. Los investigadores han descubierto que tomar una aspirina diaria (325 mg) a partir de los 50 años de edad incrementa hasta en 1.9 años la esperanza de vida, y en 2.9 años si se toma a partir de los 70, ya que la aspirina ayuda a que no se acumulen grasas en las arterias.

Sistema inmunológico

Por ejemplo, las células de un joven sano tienen controles genéticos que las protegen para que no se conviertan en cancerosas. Pero si uno de estos controles celulares falla, el sistema inmunológico también puede identificarlas y eliminarlas. Es decir, el cuerpo tiene un doble sistema de protección en contra del cáncer, uno en el ámbito de la célula y otro a nivel del organismo.

Lamentablemente, con el envejecimiento, nuestro sistema de defensa se vuelva negligente e ignora ciertas señales de alerta. Tanto el control celular como el sistema inmunológico pueden atrofiarse y permitir entonces el desarrollo de un tumor canceroso o de otros trastornos.

El sistema inmunológico está compuesto por millones de células flotantes que vigilan el cuerpo para identificar anormalidades.

Se ha comprobado que:

➡ El ejercicio aumenta la concentración de ciertas células del sistema inmunológico que pueden identificar y destruir riesgos potenciales y toxinas que invaden nuestro organismo.

➡ Los antioxidantes como la vitamina C y E ayudan a mejorar la respuesta inmune.

➡ Sustancias químicas y demasiado sol, o la radiactividad promueven el envejecimiento del sistema inmunológico e incrementan el riesgo de cáncer.

➠ El estrés debilita la respuesta inmune, así por ejemplo la muerte de un ser querido decrementa el número de células T en la sangre durante 1 año.

➠ Infecciones como el SIDA atacan e inhiben el sistema inmunológico.

Procurar y mantener el buen funcionamiento del sistema inmunológico evita trastornos en la salud y previene el envejecimiento prematuro del organismo.

Medio ambiente y estilo de vida

Sin duda, el ambiente en que vivimos, las sustancias que ingerimos o ponemos en nuestro cuerpo, los riesgos que tomamos y el estrés que sufrimos, contribuyen al envejecimiento.

Respirar el humo de los que fuman, comer alimentos altos en grasas saturadas, trabajar en ambientes poco seguros o utilizar teléfono celular cuando estamos conduciendo un automóvil, incrementa el riesgo de que nuestra vida sea más corta y padezcamos más enfermedades. En cambio, estar siempre activo intelectualmente y cultivar intereses vitales puede mantenernos más jóvenes.

Es importante planificar y evitar situaciones que provocan envejecimiento. Decisiones simples, como: tener sexo seguro, prevenir accidentes, evitar agentes tóxicos (pesticidas, humo de cigarrillo y todo tipo de ambientes contaminados) disminuye las probabilidades de cáncer y muchas otras enfermedades.

Por otra parte, la estabilidad emocional también ayuda a mantenerse sano y joven. Muchos eventos vitales, a los que todos estamos expuestos, son grandes generadores de estrés (por ejemplo, perder a un ser querido, cambiarse de ciudad, tener problemas financieros).

Pero existen otras muchas más fuentes de estrés que son al menos parcialmente controlables. Definitivamente, reducir la presión emocional diaria puede aumentar en forma significativa nuestra esperanza de vida.

¿Se puede rejuvenecer?

La edad no es sólo una medición cronológica asociada con un determinado número de años transcurridos desde nuestro nacimiento. La edad se relaciona también con una serie de cambios biológicos en los diferentes sistemas cardiovascular, inmunológico y nervioso, así como con factores medioambientales y sociales. Estos cambios biológicos pueden ser más acelerados o más lentos en diferentes personas, pero muchas de sus causas son al menos parcialmente controlables. Es decir, en cierta medida y hasta cierto punto, podemos controlar y cambiar nuestra edad biológica.

Mientras que nuestra edad cronológica es fija e inmodificable, nuestra edad biológica puede ser mayor o menor dependiendo de una combinación de factores. Todos conocemos personas que tienen 60 años de edad cronológica y se ven y funcionan como personas de 40 años. Estos

> 66
> **En cierta medida y hasta cierto punto, podemos controlar y cambiar nuestra edad biológica.**
> 99

organismos son biológicamente más jóvenes. También hemos visto los casos opuestos: personas envejecidas desde muy temprana edad. Para todos es particularmente importante conocer los factores que pueden acelerar o disminuir el envejecimiento.

¿Cómo podemos hacernos cada vez más jóvenes?

Se han identificado varios factores que alteran nuestra salud, desde los más obvios, como fumar y beber; hasta otros más bien inadvertidos, como utilizar hilo para la limpieza dental, lo cual evita bacterias que pueden desencadenar enfermedades cardiacas. Sin embargo, podemos resumir que los factores que más afectan al organismo humano son: el envejecimiento de los sistemas cardiovascular (que transporta los nutrientes) e inmunológico (que nos protege de las enfermedades), así como situaciones ambientales y sociales que ponen en riesgo nuestra salud e integridad física.

Michel Raizan analizó en forma sistemática más de 800 artículos científicos publicados durante los últimos 15 años y calculó los efectos que tienen sobre la edad biológica y la esperanza de vida 125 comportamientos diferentes, que van desde uso de dietas y medicamentos hasta el control del estrés y fumar crónicamente. Cada uno de estos factores nos permite evaluar nuestra propia edad biológica y nos muestra también una vía específica para mejorar nuestra trayectoria de envejecimiento e incrementar la calidad de vida.

De acuerdo con este análisis, se puede retardar e incluso revertir hasta 25 años el proceso de envejecimiento. Su análisis se basa en ecuaciones multivariadas que

> **66**
> Podemos resumir que los factores que más afectan al organismo humano son: el envejecimiento de los sistemas cardiovascular (que transporta los nutrientes) e inmunológico (que nos protege de las enfermedades), así como situaciones ambientales y sociales que ponen en riesgo nuestra salud e integridad física.
> **99**

balancean diversos factores. No es una simple suma o resta. Podemos reducir nuestra edad biológica a través de cambiar nuestro estilo de vida. Las recomendaciones se basan en los resultados de varios estudios científicos. El autor reinterpreta los datos y en lugar de calcular el riesgo de enfermedad, calcula el riesgo de envejecer.

Se han identificado factores diversos que ayudan a llevar una vida más sana, a disminuir los niveles de ansiedad, y a aumentar la esperanza de vida. El concepto de edad biológica es una forma de medir cuantitativamente el impacto que tienen las decisiones y el estilo de vida sobre nuestro envejecimiento. Es una estimación de nuestra edad biológica, no cronológica. Si nuestra edad biológica es cinco años menos que la edad cronológica eso significa que fisiológicamente funcionamos como una persona cinco años más joven.

Algunos de los factores que influyen sobre nuestra edad biológica y los procesos de envejecimiento son:

➠ **Fumar.** Independientemente de la fuente, el humo de cigarrillo nos envejece e incrementa el riesgo de enfermedad cardiaca, debilita el sistema inmunológico y es carcinógeno. Las personas que fuman (20 cigarrillos al día) tienen ocho años más de edad biológica. Es decir, es como si el fumar nos envejeciera ocho años. Los fumadores pasivos también disminuyen su esperanza de vida. Por ejemplo, permanecer diez horas en un cuarto con humo de tabaco equivale a fumar un cigarrillo. El mensaje positivo es que si dejamos de fumar, en un año podemos recuperar tres años; es decir, la esperanza de vida será sólo cinco años menos que si nunca hubiésemos fumado. Si dejamos de fumar, en dos meses ganamos un año, y después de cinco años, recuperamos siete años, o sea, si uno deja de fumar recupera siete de los ocho años perdidos.

Ser fumador pasivo o trabajar en un ambiente lleno de humo también nos envejece. Por ejemplo, permanecer una hora en un cuarto con humo de tabaco generado por varios fumadores puede equivaler a fumar cuatro cigarrillos. El ser fumador pasivo cuatro horas al día durante un periodo prolongado nos envejece 6.9 años.

➠ Contaminación. La exposición a tóxicos químicos o vivir o trabajar en casas con asbestos incrementa el riesgo de cáncer hasta cinco veces. Los efectos dependen del tipo de contaminantes: sulfatos, ozono, partículas grandes y pequeñas. El ozono y el humo negro incrementan la mortalidad porque aumentan hasta en cinco por ciento el envejecimiento cardiovascular y respiratorio. La calidad del aire afecta el asma y agrava infecciones respiratorias. El tamaño de las partículas también influye porque entre más pequeñas son más peligrosas y aumentan el riesgo de envejecimiento prematuro de corazón y pulmones.

➠ Ejercicio. La actividad física puede reducir hasta 8.1 años, pero para ello es necesario gastar 3 500 kilocalorías a la semana. Para rejuvenecer, se requiere practicar tres tipos de actividad física: actividad física general, actividades de resistencia como el levantamiento de pesas y ejercicios de estiramiento y flexibilidad.

El estiramiento y flexibilidad así como levantar pesas son muy importantes para la mujer, ya que protegen la masa muscular y aumentan la densidad de los huesos.

Resulta muy saludable caminar el equivalente de una hora diaria o hacer ejercicio más vigoroso durante un periodo más corto. Caminar 20 minutos diariamente puede reducir el riesgo de un ataque cardiaco o de una embolia en 15 a 30% en sólo dos semanas y tiene un beneficio de tres a ocho años de reducción de

la edad cronológica. Si realizas actividad física, como caminar al trabajo o pedalear la bicicleta mientras ves la televisión, tendrás un beneficio de tres años.

Es importante construir resistencia y mejorar nuestra condición física. Esto se puede lograr si llevamos a cabo ejercicio vigoroso o aeróbico, como correr, practicar bicicleta o jugar tenis. Todo lo que nos haga sudar y aumente nuestra frecuencia cardiaca puede reducir la edad. El ejercicio fortalece el corazón, las arterias y el pulmón. Se puede revertir el envejecimiento arterial y el envejecimiento inmunológico, porque el ejercicio que nos hace sudar tiene el doble del beneficio, ya que no sólo construye resistencia y condición física sino que contribuye a quemar las 3 500 kilocalorías a la semana, y nos hace hasta 6.4 años más jóvenes.

> **"**
> **También es importante practicar, por lo menos tres veces por semana, ejercicios que incrementen la fuerza y flexibilidad del cuerpo.**
> **Los ejercicios de estiramiento, levantar pesas y practicar yoga promueven el mantenimiento de un cuerpo joven.**
> **"**

También es importante practicar, por lo menos tres veces por semana, ejercicios que incrementen la fuerza y flexibilidad del cuerpo. Los ejercicios de estiramiento, levantar pesas y practicar yoga promueven el mantenimiento de un cuerpo joven.

Se sugiere levantar pesas durante diez minutos por lo menos tres veces a la semana. Esta actividad nos rejuvenece 1.7 años.

El ejercicio hace que aumenten la concentración de ciertas células del sistema inmunológico que pueden identificar y destruir riesgos potenciales y toxinas que invaden nuestro organismo.

➡ **Tener una mascota.** Estudios realizados en personas que han sobrevivido a ataques cardiacos, señalan un incremento en la supervivencia en sujetos que tenían mascotas. Los dueños de perros alcanzan una edad biológica de 3.2 años menor. Otros estudios indican que éstos tienen más bajos niveles de colesterol y de presión sanguínea.

Por otra parte, las mascotas pueden proporcionar apoyo durante periodos de estrés. De acuerdo con algunos estudios, los perros proporcionan mayor beneficio que los gatos. Una explicación posible es que, al sacar a pasear al perro, también se hace ejercicio, se incrementa la posibilidad de platicar con otras personas y esto a su vez promueve la formación de redes sociales.

➡ **El sobrepeso.** Esos kilitos de más pueden representar hasta un aumento de diez años. Se necesitan 20 minutos de ejercicio para gastar las calorías que ingerimos en 30 segundos.

Se calcula que actualmente 47% de la población tiene sobrepeso y que esta cifra aumentará a 75% para el año 2025. Algunos científicos explican esta tendencia a la obesidad como producto de la evolución humana. Nuestros ancestros eran cazadores y no sabían si comerían todos los días, por lo que la evolución favoreció en el hombre una atracción hacia la comida rica en calorías y grasa. Aunque ahora se puede obtener con mucha facilidad este tipo de comida, es más saludable que nuestra alimentación sea rica en nutrientes y baja en calorías. Se sugiere una dieta variada que incluya cuatro porciones de frutas, cinco de vegetales y cuatro a cinco de granos o cereales, también comer pescado dos veces a la semana y no consumir carnes rojas más de una vez a la semana. Esta dieta nos beneficia y rejuvenece el equivalente a cuatro años.

Es muy importante seguir una dieta baja en grasas. No debemos ingerir en exceso grasas saturadas, las cuales se encuentran en la carne roja, los productos lácteos, el aceite de coco y, en menor grado, el pollo.

> **66**
> **Esos kilitos de más pueden representar hasta un aumento de diez años. Se necesitan 20 minutos de ejercicio para gastar las calorías que ingerimos en 30 segundos.**
> **99**

Los alimentos ricos en grasas saturadas se acumulan en nuestras arterias y causan que nuestro sistema cardiovascular envejezca. Si reducimos grasas saturadas tenemos un beneficio de seis años menos. Las grasas no saturadas que se encuentran en aceites vegetales y en el aguacate no promueven este tipo de acumulación.

➠ **Consumir jitomate.** Investigaciones recientes indican que los hombres que comen pasta de jitomate diez o más veces a la semana tienen niveles significativamente más bajos (hasta 34% menos) de cáncer prostático. La próstata es una glándula que se encuentra en la base del pene y que crece con la edad, haciéndola susceptible al cáncer. Ésta causa es la más común de cáncer en el hombre y se ha encontrado que más de 60% de los mayores de 80 años tiene riesgo de desarrollarlo.

El poder antioxidante de los jitomates se debe a que son ricos en licopina, un tipo de caroteno que tiene propiedades antioxidantes. Los carotenos son pigmentos que se encuentran en frutas amarillas, naranjas y rojas, y ayudan a facilitar ciertas reacciones químicas, es decir, se pegan a los radicales libres, juntándolos para que se puedan eliminar del cuerpo y prevenir el daño de nuestras células y cromosomas. Dado que la próstata es particularmente sensible al perjuicio de factores medioambientales es vulnerable al daño de radicales libres, de ahí la importancia del poder antioxidante de la licopina.

Un reciente estudio que se llevó a cabo en la población de Hong Kong, Tokio, Milán, Nueva York, Chicago y Albuquerque, encontró que la incidencia de células microscópicas de cáncer de próstata fue la misma sin importar el área o los antecedentes genéticos. La posibilidad de que estas células cancerosas microscópicas se desarrollen en cáncer de próstata varió. Las áreas con menos incidencia incluyeron zonas del Mediterráneo, con el porcentaje más bajo en Grecia e Italia, donde la dieta es muy abundante en pasta de tomate. Sin embargo, para poder absorber e incrementar los niveles de licopina en la sangre, es necesario ingerir el jitomate fresco y en pasta junto con grasa no saturada, como el aceite de oliva.

➠ **Desayunar diariamente.** Ingerir alimentos por la mañana, antes de iniciar las actividades cotidianas, es una costumbre que nos hace 1.1 años más joven.

➠ **Baños de sol.** La exposición moderada y controlada a los rayos del sol es importante para poder convertir ciertas formas de comida derivadas del colesterol en vitamina D. Esto a su vez ayuda a disminuir el envejecimiento de los sistemas cardiovascular e inmunológico. La exposición al sol durante 10 a 15 minutos puede reducir 0.7 años. Estudios recientes indican que los trastornos afectivos estacionales y otros tipos de depresión pueden mejorar con "baños de sol". Sin embargo, es importante señalar que la exposición exagerada a los rayos solares incrementa el riesgo de cáncer y provoca arrugas en la piel, lo que a su vez

hace que nos veamos y sintamos más viejos. Los que durante la niñez han estado expuestos a quemaduras severas tienen más probabilidad de padecer cáncer de la piel. La sobrexposición a los rayos del sol nos hace 0.9 años más viejos.

➠ **Cuidado dental.** Cuidarse los dientes es, más que un hábito cosmético, una costumbre saludable. La higiene bucal previene enfermedades de las encías que afectan la longevidad, como la gingivitis (inflamación de las encías) o enfermedades periodontales o periodontitis (que destruyen el hueso de la mandíbula).

Se ha encontrado que las personas con gingivitis y periodontitis aumentan su tasa de mortalidad de 23 a 46% más que aquellos que no las padecen. Esto se convierte en un rejuvenecimiento equivalente a 3.4 años. Estas enfermedades están ligadas a un aumento en el riesgo de padecer enfermedades cardiovasculares y embolias así como un incremento de mortalidad por otras causas, como infección. La ausencia de enfermedades periodentales nos rejuvenece 6.4 años.

> **66**
> Estudios recientes indican que los trastornos afectivos estacionales y otros tipos de depresión pueden mejorar con "baños de sol". Sin embargo, es importante señalar que la exposición exagerada a los rayos solares incrementa el riesgo de cáncer y provoca arrugas en la piel.
> **99**

Se ha descubierto que las bacterias que originan las alteraciones periodentales activan la respuesta inmune, ésta ocasiona que las arterias se inflamen, provocando una constricción de la circulación sanguínea que puede desencadenar enfermedades cardiovasculares.

➠ **Utilizar hilo dental.** El uso de hilo especial para la limpieza de los dientes nos permite remover residuos de alimento que no fueron retirados por el cepillado dental, previniendo posibles enfermedades. Mantener los dientes y las encías sanas nos hace 6.4 años más jóvenes.

➠ **Evitar accidentes.** Por ejemplo, usar cinturón de seguridad, evitar la ingestión de alcohol al conducir vehículos, etcétera, aumenta de 0.6 a 3.4 años la esperanza de vida. Es decir, se incrementan nuestras posibilidades de supervivencia y, por supuesto, aumentan también nuestras probabilidades de vida desde el punto de vista estadístico.

➠ **Conducir automóvil y utilizar teléfono celular.** Manejar excesivamente rápido y utilizar teléfonos celulares disminuye en 3.5 años la esperanza de vida. Si se maneja muy rápido y simultáneamente se utiliza un teléfono celular, el riesgo es mayor que si sólo se conduce muy rápidamente. En algunos países se prohibió ya el uso de teléfonos celulares cuando se está conduciendo un vehículo.

➠ **Presión arterial.** Evidentemente, es uno de los mayores factores predictivos de la esperanza de vida. Una persona con presión baja (115/75) es biológicamente hasta 25 años más joven (es decir, tiene hasta 25 años más de esperanza de vida) que una persona con presión alta (más de 160/90).

➠ **Tener actividad sexual.** Se encontró que las relaciones sexuales sanas dentro de un contexto monógamo, pueden hacernos de 1.6 a 8 años más jóvenes. El sexo es una actividad positiva, primero porque la excitación sexual y el orgasmo involucran una activación de diversos sistemas corporales, es conocido que el sexo mejora nuestra respiración y la circulación. El sexo también puede mejorar nuestras condiciones cardiovasculares, fuerza, flexibilidad y tono muscular y es conocido que alivia los síntomas de condiciones médicas específicas, como problemas menstruales, osteoporosis y artritis.

La excitación y el orgasmo también tienen efectos benéficos en nuestra salud mental, porque provocan la liberación cerebral de endorfinas que producen placer, pueden liberar ansiedad y depresión, incrementar la vitalidad y mejorar nuestro sistema inmunológico. El sexo también crea una unión o apego físico y emocional que es esencial para el apoyo social. Con todos los beneficios mentales y físicos del sexo, es como si camináramos con un sistema completo de salud adentro de nuestro cuerpo.

Entre más orgasmos se tengan en un año, más joven se es. Se ha calculado que el promedio de relaciones sexuales es de 58 veces al año. Incrementar esta cantidad a 116 mediante relaciones monógamas y seguras nos hace 1.6 años más jóvenes y hasta 300 veces al año nos rejuvenece 8 años. Por el contrario, la promiscuidad sexual y el sexo con desconocidos son factores de riesgo

> 66
> **Entre más orgasmos se tengan en un año, más joven se es. Se ha calculado que el promedio de relaciones sexuales es de 58 veces al año. Incrementar esta cantidad a 116 mediante relaciones monógamas y seguras nos hace 1.6 años más jóvenes y hasta 300 veces al año nos rejuvenece 8 años.**
> 99

importantes en la transmisión del SIDA y otras muchas enfermedades.

➤ **Reducir el estrés.** El estrés es uno de los mayores factores de riesgo de envejecimiento. Situaciones como: pérdida de un ser querido, cambio de ciudad, problemas financieros, y muchas condiciones laborales y sociales son fuentes generadoras de estrés. Durante etapas estresantes, el organismo secreta hormonas y sustancias que, en exceso, pueden causar problemas fisiológicos. El estrés durante periodos prolongados afecta el sistema cardiovascular porque incrementa la presión sanguínea y envejece nuestras arterias, también inhibe el sistema inmunológico y promueve el riesgo de adquirir infecciones.

Vivir dos situaciones estresantes (pérdida de un ser querido, pérdida del trabajo, etcétera) incrementa 16 años la edad; si estas situaciones son tres en doce meses, el aumento de edad puede llegar hasta 32 años.

El estrés puede contrarrestarse utilizando estrategias de afrontamiento adecuadas. Las técnicas de relajación, las de biorretroalimentación, la revisualización y la práctica de yoga relajan la tensión emocional y física. La construcción de redes de apoyo social también puede ayudar. Se ha comprobado que las personas que viven con otros, que tienen muchos amigos y que permanecen involucrados en actividades sociales viven vidas más sanas, largas y felices. Construir redes de apoyo social y contar con estrategias para reducir el estrés puede hacernos hasta 30 años más jóvenes.

Durante etapas sin estrés, vivir con tres o más personas o tener amigos cercanos puede hacernos dos años más jóvenes que si no se tiene esta red de apoyo social.

➤ **Control de nuestras finanzas.** No importa si se es rico o pobre, llevar un ritmo de vida que exceda nuestros medios eco-

nómicos es una de las experiencias más problemáticas y estresantes. En consecuencia, aprender a planear las finanzas es algo crucial. Sobre todo, si tomamos en cuenta que reducir el estrés financiero puede hacernos hasta ocho años más jóvenes.

➠ **Trabajo.** El tipo de actividad laboral puede ser una de las mayores causas de estrés. Los peores trabajos son aquellos en los que hay un alto estrés psicológico, poca flexibilidad de decisión y tareas repetitivas y monótonas (operadores de computadoras, telefonistas, empacadores, etcétera). Para las mujeres, las actividad exclusiva como ama de casa puede generar mucho estrés y frustración. Los empleos menos estresantes son aquellos que permiten mayor independencia y flexibilidad de elección. Por otra parte, la pérdida del trabajo también es una gran fuente de ansiedad y estrés, la cual disminuye hasta en cinco años la esperanza de vida.

> **66**
> Durante etapas estresantes, el organismo secreta hormonas y sustancias que, en exceso, pueden causar problemas fisiológicos. El estrés durante periodos prolongados afecta el sistema cardiovascular porque incrementa la presión sanguínea y envejece nuestras arterias, también inhibe el sistema inmunológico y promueve el riesgo de adquirir infecciones.
> **99**

➠ **Matrimonio.** Uno de los mejores apoyos sociales es el matrimonio. Las parejas felizmente casadas viven más tiempo y en promedio tienen una edad biológica de 6.5 años menos que las no casadas. Sin embargo, la viudez y el divorcio en los casados tiene un impacto más negativo sobre la edad que la muerte o separación del compañero entre las parejas de unión libre.

Es interesante resaltar que el matrimonio es más importante para el hombre que para la mujer. Un hombre de 35 años que nunca se ha casado es 6.3 mayor que el casado. El divorciado de la misma edad es 5.8 más viejo.

En cambio, las mujeres menores de 50 años de edad cronológica muestran sólo un beneficio de 2.4 años por estar casadas y poco efecto si se divorcian, esto puede deberse a que ellas tienen más apoyo social fuera del matrimonio.

El fallecimiento de un cónyuge causa severos trastornos tanto en los hombres como en las mujeres, ya que en ambos se presenta un decremento de la respuesta inmune con un decremento de células T y B y una baja producción de anticuerpos durante más de un año. También se sabe que los hombres que han perdido a su mujer asisten con mayor frecuencia al médico que el promedio de la población.

Estudios que se llevaron a cabo en tres países diferentes indican que los matrimonios exitosos tienen una correlación más alta con la edad arterial que los niveles de colesterol. Los hombres que están felizmente casados tienen menos probabilidad de desarrollar enfermedades cardiovasculares que los no casados, incluso si los niveles de colesterol son más altos.

Se puede decir, en términos generales, que el buen matrimonio nos rejuvenece pero el malo nos envejece.

➠ **Reírse mucho.** La risa ayuda a abrir líneas de comunicación con otros, reduce ansiedad, tensión y estrés, esto hace que nuestro sistema inmunológico sea más joven y disminuye 1.7 años nuestra edad.

➠ **Participar en actividades sociales y comunitarias.** Las actividades sociales y comunitarias son fuente de satisfacción, disminuyen el estrés y nos ayudan a encontrar redes de apoyo social. Practicar este tipo de actividad nos hace dos años más joven.

➠ **Atender un servicio religioso.** Más de 30 estudios ha encontrado la conexión entre espiritualidad, religión y vidas más longevas. Un estudio en el que se analizó a 5 286 sujetos de California, encontró que los miembros de iglesias tienen tasas de muerte más bajas, independientemente de factores de riesgo, como fumar, beber, obesidad e inactividad.

Se ha informado que las personas que practican alguna religión tienen menos síntomas de enfermedad y mejor salud, lo que se refleja en menor incidencia de cáncer y mayor control de la presión arterial. Además, las personas con compromiso religioso presentan menor incidencia de depresión, suicidio, alcoholismo y otras adicciones. Esta asociación es independiente de la edad y del tipo de religioso.

> **66**
> **Se ha demostrado que rezar es saludable. Esto puede deberse a que la asistencia a servicios religiosos garantiza contacto con otras personas. Otra explicación es que la fe da un sentido de esperanza y control que disminuye el estrés.**
> **99**

Se ha demostrado que rezar es saludable. Esto puede deberse a que la asistencia a servicios religiosos garantiza contacto con otras personas. Otra explicación es que la fe da un sentido de esperanza y control que disminuye el estrés. El compromiso con un sistema de creencias permite a las personas manejar mejor enfermedades traumáticas, sufrimientos y pérdidas.

Rezar evoca cambios benéficos en el cuerpo. Cuando las personas rezan experimentan los mismos decrementos en la presión sanguínea, metabolismo y frecuencia cardiaca que cuando practican técnicas de relajación. Rezar el rosario, por ejemplo, involucra los mismo pasos que la respuesta de relajación: repetir una palabra, rezo, frase o sonido nos aísla de otros pensamientos. Mientras que la respuesta de relajación funciona independientemente de las palabras que se utilizan, aquellos que escogen una frase religiosa se benefician más si es que creen en ella.

Asistir regularmente a servicios religiosos nos rejuvenece dos años.

➡ **Actividad intelectual.** Practicar actividades intelectuales nos hace 5 años más jóvenes.

La actividad mantenida y permanente de un órgano le permite lograr un mejor funcionamiento. Si no ejercitáramos nuestras piernas y nuestros brazos, pronto se atrofiarían y ya no podríamos moverlos. Si no volviéramos a hablar nunca más una segunda lengua aprendida durante la infancia, terminaríamos olvidándola. Si no volviéramos a ingerir alimentos sólidos, rápidamente nos haríamos incapaces de digerirlos y no podríamos volverlos a comer. Igualmente, si no nos mantenemos intelectualmente activos, nuestra capacidad comenzará a disminuir. Ya que toda la actividad intelectual depende del cerebro, nuestra actividad cerebral se vería disminuida.

Existe evidencia de que con el cerebro sucede algo parecido a lo que sucede con un músculo o con otras partes del cuerpo: entre más lo utilizamos, mejor será su actividad. A pesar de que se creía que durante la adolescencia las redes neuronales o los circuitos cerebrales estaban establecidos y eran inflexibles en el adulto, se ha descubierto que la habilidad para cambiar y adaptarse a nuevas tareas intelectuales continúa con nosotros hasta la vejez. Más aún, este tipo de investigación ha abierto un mundo lleno de posibilidades para el tratamiento de las embolias y el daño cerebral y una nueva aproximación para el tratamiento de enfermedades degenerativas, como son la llamada enfermedad de Alzheimer (pérdida progresiva e incapacitante de las funciones intelectuales, frecuentemente observada durante la vejez).

Aunque se creía que durante la adolescencia las redes neuronales estaban establecidos y eran inflexibles en el adulto, se ha descubierto que la habilidad para cambiar y adaptarse a nuevas tareas intelectuales continúa con nosotros hasta la vejez.

El estudio de las monjas de San Louis

En la ciudad de San Louis (Estados Unidos) hay un grupo de 700 monjas que se caracterizan por mantenerse muy activas y lúcidas hasta edades muy avanzadas. Esta congregación representa el grupo más grande de donadores de cerebros que existe en el mundo. El estudio de sus casos ha permitido conocer mucho mejor cómo se producen los procesos de envejecimiento.

A través de examinar cerebros con envejecimiento exitoso –como en el caso de las monjas de San Louis– los investigadores concluyen que el cerebro tiene una capacidad sobresaliente para cambiar y para mantener su actividad aun en la etapa de adultez y ancianidad.

Todos los individuos tienen algún control acerca de cómo su cerebro puede permanecer sano y activo. Investigaciones recientes sugieren que estimular el cerebro con ejercicios mentales provoca que las neuronas (células cerebrales) se ramifiquen e interconecten ampliamente. Estas conexiones o arborizaciones ocasionan mayores posibilidades de asociación y un mejor funcionamiento del cerebro. Esto es como si una computadora tuviera una capacidad de memoria más grande que le permitiese hacer una mayor cantidad de operaciones y más rápidamente.

> **"**
> **El doctor Snowdon y otros neurocientíficos piensan que los cerebros con mayor reserva, que encuentran las vías normales bloqueadas por los nudos y las placas que caracterizan a la enfermedad de Alzheimer, pueden redirigir los mensajes por medio de vías alternas.**
> **"**

Las hermanas de Notre Dame, en este convento de San Louis, son mujeres muy longevas, en parte porque llevan una vida muy sana y activa intelectualmente. Su promedio de vida es de 85 años de edad, aunque de las 150 mujeres retiradas, 25 son mayores de 90 años.

La longevidad de estas monjas es apenas una parte de la historia. A diferencia de lo que sucede con otras personas de su misma edad, este grupo no sufre aparentemente de demencia, como la enfermedad de Alzheimer o la demencia vascular.

David Snowdon, profesor de medicina preventiva de la Universidad de Kentucky, ha estudiado a las monjas de San Louis durante más de 12 años. Este investigador ha encontrado que las religiosas de este grupo que viven más tiempo son aquellas con un grado universitario y que además enseñan (es decir, las que constantemente están estimulando su cerebro).

El doctor Snowdon afirma que la diferencia reside en cómo ellas utilizan su cerebro. Según el investigador, la clave del envejecimiento exitoso consiste en mantener activo el cerebro.

Dentro del cerebro humano cada neurona contiene un axón (o prolongación) que envía señales a otras neuronas contiguas. Del otro lado de la neurona se encuentran otros apéndices llamados dendritas, que reciben los mensajes de las células cercanas. Los axones y las dendritas tienden a encogerse con la edad, pero experimentos hechos con animales de laboratorio muestran que la estimulación mantenida hace que las neuronas se arboricen como las ramas de un árbol que crece, formando redes de nuevas conexiones. Una vez que una habilidad se vuelve automática, las conexiones extras desaparecen, pero el cerebro es tan flexible que puede desarrollar estas conexiones nuevamente si lo requiere. Al igual que con el sistema de conexiones de una compañía eléctrica, las arborizaciones y conexiones aportan capacidad de reserva en un apagón. El doctor Snowdon y otros neurocientíficos piensan que los cerebros con mayor reserva, que encuentran las vías normales bloqueadas por los nudos y las placas que caracterizan a la enfermedad de Alzheimer, pueden redirigir los mensajes por medio de vías alternas.

Aunque el cerebro está limitado por la dotación genética y su flexibilidad disminuye con la edad, las nuevas investigaciones de las neurociencias sugieren que alcanzar el límite de la plasticidad cerebral a los 65 años o a los 102 puede depender, parcialmente, del individuo y su sistema de vida.

David Hubel, de California, Estados Unidos, obtuvo el Premio Nóbel de Fisiología y Medicina por sus experimentos sobre la visión.

Observó que existen partes del cerebro que se vuelven fijas y permanentes durante la infancia, pero que en general el cerebro es mucho más modificable de lo que se esperaba; las monjas de Notre Dame demuestran esto.

El ejercicio cerebral es una forma de vida en las monjas. Estas religiosas viven con el principio de que la pereza mental es una cosa del demonio. Frecuentemente escriben meditaciones espirituales en su periódico, envían cartas a los congresistas protestando por el bloqueo a Cuba, dedican mucho tiempo a armar rompecabezas, están siempre al tanto de las propuestas sobre cambios en el sistema de salud y en otras áreas de bienestar social, llevan a cabo seminarios acerca de los eventos sucedidos cada semana, y muchísimas actividades intelectuales más.

Estas monjas nacieron antes de la radio y, sin embargo, son más capaces de contestar preguntas sobre temas actuales que la mayoría de los ciudadanos promedio de Estados Unidos. Una de las religiosas tiene 99 años, trabaja como recepcionista y hace crucigramas en español. Otra, cumplió ya los 102 años y puede recitar el rosario y tejer guantes para los niños pobres sin perder una sola puntada.

La flexibilidad del cerebro

La capacidad de cambio que tiene el cerebro ofrece esperanzas para prevenir y tratar enfermedades cerebrales. Observaciones importantes al respecto son:

⮞ Algunas personas pueden retrasar los síntomas de la enfermedad de Alzheimer (demencia). Entre más estimulada está una persona, menor es la probabilidad de que muestre los síntomas de la enfermedad. La razón es simple: la actividad intelectual genera más reserva sináptica que compensa, por lo menos parcialmente, la pérdida causada por la alteración.

➠ Siempre es posible lograr alguna recuperación en casos de embolias cerebrales. Aunque en estos casos existen áreas permanentemente alteradas, se pueden crear nuevas rutas que rodeen la zona dañada o retomen la función de esa área.

➠ Los estudios con tomografía por emisión de positrones (PET) –técnica que permite visualizar la actividad cerebral en distintas áreas– han mostrado que las víctimas de embolias cerebrales se recuperan estableciendo nuevas conexiones dendríticas. La recuperación depende, en parte, del tipo y la localización de la lesión, al igual que de la edad del paciente y de su historia médica. En algunos casos se piensa que neuronas adyacentes aumentan sus redes y retoman la función del tejido dañado. También, otros centros cerebrales que gobiernan las acciones involuntarias expanden su papel para compensar las funciones alteradas.

> **66**
> **Siempre es posible lograr alguna recuperación en casos de embolias cerebrales.**
> **Aunque en estos casos existen áreas permanentemente alteradas, se pueden crear nuevas rutas que rodeen la zona dañada o retomen la función de esa área.**
> **99**

➠ La plasticidad del cerebro puede ser una bendición pero también una carga. Existen casos de personas que manifiestan dolor muy intenso en miembros ya amputados, el cual les impide trabajar, concentrarse e incluso dormir. El llamado "miembro fantasma" está relacionado con la capacidad del cerebro para ser flexible.

En la corteza cada área del cerebro está representada proporcionalmente a su importancia como receptor sensorial. Por ejemplo, la zona de los dedos ocupa más lugar en el cerebro que la de los hombros. Sin embargo, gracias a la flexibilidad del cerebro, estos límites pueden moverse y cada sección puede controlar los territorios vecinos. Antes se pensaba que al amputar un miembro desaparecían también las áreas cerebrales correspondientes. Los investigadores han mostrado que si se corta el dedo índice de un mono adulto, la zona de la corteza cerebral relacionada con el control del dedo no se inactiva. Las neuronas vecinas activadas por los otros dedos llenan la región dormida. De hecho, el cerebro trata de compensar la pérdida de sensibilidad en el dedo volviendo a colocar su segmento de corteza en el resto de la mano.

Una persona a la que se le ha cortado una mano puede sentirla cuando se le toca, por ejemplo, la mejilla. No es sorprendente saber que en la corteza las neuronas de la cara se encuentran cerca de las neuronas de la mano. Una vez que la corteza deja de recibir los estímulos de la mano, los estímulos de la mejilla pueden llenar ese espacio. Sin embargo, estos pacientes siguen atribuyendo las sensaciones a su miembro fantasma, lo cual indica que los centros superiores del cerebro que coordinan la información sensorial no se pueden ajustar tan fácilmente a una suceso tan drástico como la amputación.

Los efectos de "llenado" no son siempre tan predecibles. La representación de la pierna, por ejemplo, se encuentra en la corteza cerebral cerca de la representación genital. Un paciente amputado de la pierna afirmaba que ésta le dolía cuando tenía actividad sexual.

Cómo mantener una actividad cerebral óptima

La actividad intelectual debe ser variada y permanente. Existen muchas de éstas que estimulan el cerebro. Veamos algunos ejemplos:

⇒ **Estar involucrado de manera activa en áreas que no sean familiares o automáticas.** Cualquier actividad que sea desafiante intelectualmente puede ser útil para incrementar la actividad cerebral, lo que quiere decir que aumenta las reservas intelectuales del cerebro. Escoger algo divertido, pero poco familiar puede ser una buena idea. Un programador de computadoras puede practicar música. Una bailarina puede estudiar historia o geografía.

⇒ **Ejercitar la mente.** Hacer crucigramas o armar rompecabezas (u otras actividades similares) representan ejercicios sencillos pero excelentes de las habilidades verbales y espaciales. Son ejercicios intelectuales que se encuentran al alcance de todos.

⇒ **Tocar un instrumento musical.** El cerebro tiene que resolver todo un pro-

> **66**
> Hacer crucigramas o armar rompecabezas (u otras actividades similares) representan ejercicios sencillos pero excelentes de las habilidades verbales y espaciales.
> **99**

blema de control muscular, además de aprender a leer notas en un pentagrama y correlacionarlas con sus dedos para crear tonos. Debe seguir compases y escuchar melodías. Esta es realmente una actividad compleja y de muy alto nivel.

➡ **Hacer reparaciones caseras.** Aprender a reparar algo como los frenos del carro o un aparato de la casa es una manera de ejercitar el cerebro. La solución no es lo más importante. Lo más importante es el desafío, el imaginar las posibles soluciones, el buscar alternativas de arreglo, etcétera.

➡ **Dedicar algún tiempo al arte.** Si tiene una buena capacidad verbal, tome entonces un curso de pintura. Si es bueno en pintura, tome un curso de redacción, escriba en un periódico o lea y aprenda poesías.

➡ **Mantener una actividad física permanente.** Existe una correlación entre la actividad física y el mantenimiento cognoscitivo. Ejercicio físico moderado puede llevar a una mayor activación de todo el cuerpo. Se aumenta el flujo sanguíneo. La sangre lleva oxígeno y el cual alimenta el cerebro. Hay que hacer actividad nueva y que requiera pensar. Aprender a bailar tango o merengue puede ser mejor que saltar en la casa toda la noche.

➡ **Estar con gente inteligente e intelectualmente desafiante.** La forma más placentera y reforzante de incrementar la actividad cerebral es conocer e interactuar con personas inteligentes e interesantes. Discusiones intelectuales, búsqueda de soluciones a problemas actuales, y juegos de mesa, como el ajedrez, pueden ser altamente positivos.

Toda la vida es una experiencia de aprendizaje

"Así como los trabajos manuales dejan marcas en las manos, pensar mucho también deja marcas en el cerebro; y al igual que las manos que han lavado ropa durante décadas se ven diferentes de aquellas que han tocado el piano, el cerebro de futbolistas se ve diferente del que trabaja en computación."

Este no es un nuevo descubrimiento. Se sabe que el cerebro es un órgano extraordinariamente plástico, moldeado y moldeador de nuestra actividad. Ya en 1960, en la Universidad de Berkeley, Rosenzweig mostró que las animales de laboratorio que son criados en ambientes enriquecidos e interesantes, en cajas grandes con muchos compañeros y juguetes, desarrollaban cerebros más ricos, densos y más complejos que los animales de laboratorio criados en ambientes empobrecidos o aburridos: cajas pequeñas, falta de compañeros y juguetes. Un medio ambiente interesante es bueno para el cerebro en cualquier etapa de la vida. Aun los animales de laboratorio ancianos cuando se les coloca en cajas nuevas e interesantes después de un mes muestran cerebros más gruesos, aunque el efecto es más pequeño en los animales de laboratorio viejos que en los animales de laboratorio jóvenes.

> **66**
> Un ambiente interesante es bueno para el cerebro en cualquier etapa de la vida. Aun los animales de laboratorio ancianos cuando se les coloca en cajas nuevas e interesantes después de un mes muestran cerebros más gruesos.
> **99**

El cerebro está formado por tres materiales básicos: células nerviosas, células gliales y vasos sanguíneos. Las células nerviosas son las células que controlan la actividad psicológica y le dicen a los músculos que se muevan. Vienen en diferentes formas y tamaños e intercambian información a través de pequeños espacios o uniones que se conocen como sinapsis. Entre más sinapsis tiene una célula, más caminos hay para intercambiar información con otras células nerviosas. Por lo tanto, entre mayor número sinapsis tiene un cerebro por célula nerviosa, es más probable que el cerebro sea capaz de procesar y de responder a la nueva información. Los animales de laboratorio que crecen en ambientes complejos tienen más sinapsis. Animales de laboratorio jóvenes altamente estimulados desarrollan de 20 a 25% más sinapsis por célula nerviosa que sus compañeras aburridas y aumenta 80% sus vasos capilares.

Las células gliales son tejidas de soporte que también juegan un papel importantemente en mantener un medio ambiente adecuado. En animales que crecen en ambientes interesantes las células gliales crecen y son más activas envolviendo a las células nerviosas. Puede ser que a medida que las células nerviosas se vuelven más activas, las células gliales tienen que aumentar su trabajo para mantener el medio ambiente en equilibrio.

> **"**
> **El cerebro está formado por tres materiales básicos: células nerviosas, células gliales y vasos sanguíneos.**
> **"**

Todos las actividades intelectuales requieren atención y producen fatiga. El cerebro obtiene su energía del azúcar que lleva el torrente sanguíneo. La sangre circula en el cerebro como en el resto del cuerpo a través de arterias, venas y vasos capilares. Las arterias transportan la sangre al cerebro

CARAS VEMOS... EDADES NO SABEMOS

y los vasos capilares la llevan a las células permitiéndoles extraer los nutrieres como el azúcar.

Regeneración neuronal

Nacemos con 100 mil millones de neuronas. A través de establecer conexiones entre neuronas o hacer nuevas sinapsis, el cerebro triplica su masa tres veces. La sabiduría popular ha reportado que perdemos alrededor de 100 000 neuronas por día. Pero esto no es verdad, la pérdida es variable e individual. Proporcionalmente se pierden más células en zonas frontales y temporales, especialmente en la corteza motora que contiene los axones largos hacia la médula, necesaria para el equilibrio. El consumo de alcohol incrementa la destrucción diaria neuronal (alrededor de 60 000 neuronas diarias en alcohólicos). La enfermedad, el uso de medicamentos y una vida sedentaria pueden incrementar la tasa de pérdida neuronal. La persona promedio disminuye alrededor de 10% de su peso cerebral a lo largo de la vida. Los hombres pierden más que las mujeres, especialmente en el hemisferio izquierdo que controla el lenguaje que en el hemisferio derecho que controla habilidades visoespaciales. Las mujeres pierden masa neuronal durante la menopausia, mientras que los hombres la pierden alrededor de los 60 años.

Se ha acumulado evidencia de que las neuronas en el cerebro adulto se regeneran. Hasta hace poco tiempo (noviembre de 1998) existía una arraigada convicción de que las neuronas del adulto no se regeneraban después de una lesión o de una enfermedad. El cerebro, sin embargo, tiene algún potencial para autorrepararse. Anteriormente se creía que el cerebro del adulto podía algunas veces compensar el daño mediante el establecimiento de nuevas conexiones entre las neuronas que sobrevivían, pero que no podía autorrepararse, porque carecía de células que permitían la regeneración neuronal. Esto es lo que los neurobiólogos creían firmemente hasta hace poco.

Casi todos los tejidos nerviosos se pueden regenerar a lo largo de toda la vida. Si se hace una cortada en la piel, la herida se cierra; y si se rompe una pierna, la fractura se corrige cuando el hueso se coloca correctamente. Las células responsables de esta actividad son unas células tallo. Estas versátiles células se parecen a las células de un embrión en desarrollo en su habilidad para multiplicarse casi infinitamente y para generar no solo copias al carbón de ellas mismas sino muy diferentes tipos de células. Es similar a lo que sucede en la médula ósea, que puede generar todas las células de la sangre: glóbulos rojos, glóbulos blancos y plaquetas. Otras células tallo dan lugar a diversas partes de la piel, del hígado o de las capas intestinales

Fred Gage, del Salk Institute en La Jolla, California, ha investigado durante los últimos años cuáles son los factores que promueven o que afectan la neurogénesis en el adulto: Lo que Gage ha encontrado es que los animales criados en medios enriquecidos muestran una mayor cantidad de células gliales (que son tejido de soporte y nutrientes) y que éstos aumentan cuando tienen que resolver tareas nuevas. Estos hallazgos también se han reportado en cerebros como los del famoso físico Albert Einstein. Su cerebro fue preservado por científicos de la Universidad de Princeton en 1955, cuando murió a los 75 años, y muestra mayor cantidad de células gliales que neuronas en comparación con el cerebro de 11 hombres de inteligencia promedio.

También se ha identificado incluso un aumento en ciertos receptores y neurotransmisores, como es el glutamato (aminoácido), que promueve la formación de estas nuevas neuronas. El proceso se inhibe cuando se coloca al animal en condiciones que le generan estrés y miedo. La memoria emocional es importante para la supervivencia, y la supresión de la neurogénesis es necesaria para poder aprender bajo condiciones de estrés. Estas memorias están impresas en las neuronas y pueden persistir sin ninguna alteración durante toda la vida.

Se está investigando también cuál es la cascada de eventos que llevan la formación de estas nuevas neuronas. ¿Cómo se podría inducir la neurogénesis a voluntad? Ciertas condiciones patológicas, como embolias o actividad convulsiva (epilepsia) pueden evocar división celular. Sin embargo, también pueden aparecer conexiones anómalas.

Todas estas investigaciones recientes sobre el cerebro han abierto una cantidad insospechada de posibilidades para mantener una actividad cerebral óptima y permanecer en condiciones intelectuales excelentes durante lapsos de tiempo considerables. Si no conocemos la clave de la supervivencia, sí estamos al menos comenzando a entender cómo mantenernos intelectualmente más jóvenes durante un tiempo mayor.

Como regla, la edad por sí misma no tiene un impacto en el deterioro de la función cerebral. La siguiente lista muestra sólo algunos de los asesinos de neuronas que existen.

➠ El abuso del alcohol.
➠ La ausencia de una pareja estimulante.
➠ Depresión por pérdidas personales.
➠ Enfermedades crónicas (especialmente cardiacas).
➠ Un medio ambiente poco estimulante.
➠ Una personalidad inflexible.
➠ Un estilo de vida sedentario.
➠ Presión alta, especialmente en la vida adulta.
➠ Falta de curiosidad por aprender.
➠ Malnutrición.

Autoevaluación de la calidad de vida y del riesgo de envejecimiento

Resuelve el siguiente cuestionario y suma los puntos que se indican por cada respuesta afirmativa. Al final, encontrarás una tabla de resultados para realizar tu autoevaluación.

1. **Salud.**
   a) Estoy en buena salud *(1 punto)* .... ___

2. **Peso corporal.**
   a) Estoy dentro de 10% de mi peso ideal *(1 punto)* ___

3. **Nutrición.**
   a) Desayuno todos los días *(1 punto)* .... ___
   b) Consumo 2 porciones de pescado a la semana *(1 punto)* .... ___
   c) Consumo de 1 a 5 porciones de frutas y vegetales diariamente *(1 punto)* .... ___
   d) Consumo 5 porciones de pasta de jitomate o de jitomate con aceite de oliva a la semana *(1 punto)* .... ___

4. **Toxinas.**
   a) No fumo *(1 punto)* .... ___
   b) No consumo mariguana, cocaína, estimulantes ni tranquilizantes *(1 punto)* .... ___
   c) No estoy expuesto a agentes tóxicos (pesticidas, solventes, etcétera) *(1 punto)* .... ___

5. Ejercicio.
   a) Hago ejercicios moderados por lo menos
      20 o 30 minutos mínimo tres veces
      por semana (por ejemplo caminata,
      natación o correr) *(1 punto)* .... ____

6. Limpieza dental.
   a) Mantengo una higiene dental y utilizo hilo
      dental todas las noches *(1 punto)* .... ____

7. Relaciones.
   a) Tengo una familia feliz *(1 punto)* .... ____
   b) Me llevo bien con mis compañeros
      de trabajo del club o del trabajo social
      (1 punto) .... ____
   c) Disfruto las amistades *(1 punto)* .... ____

8. Sueño.
   a) Disfruto dormir por las noches más de
      6 horas seguidas, no tomo tranquilizantes
      ni pastillas para dormir o alcohol *(1 punto)* .... ____
   b) Mi sueño es tranquilo y despierto
      fresco por las mañanas *(1 punto)* .... ____

9. Estrés.
   No me siento deprimido y no estoy tenso
   ni preocupado por:
   a) Mi bienestar físico *(1 punto)* .... ____

b) Mi bienestar emocional y psicológico *(1 punto)* ____

c) Mi bienestar financiero *(1 punto)* .... ____

d) Los pequeños problemas de la vida
como embotellamientos, alguna persona
desagradable, perder una cita, tiempos
límites, etcétera *(1 punto)* .... ____

10. Valores de la vida.

a) Me gusta realizar trabajo comunitario
o actividades cívicas *(1 punto)* .... ____

b) Me gusta involucrarme en
asuntos intelectuales *(3 puntos)* .... ____

11. Optimismo.

a) Generalmente veo el lado positivo
de las situaciones *(1 punto)* .... ____

b) Soy capaz de reírme de mí mismo *(1 punto)* ...... ____

c) Tengo buen sentido del humor *(1 punto)* .... ____

12. Proyecto de vida.

a) Actualmente tengo definidos más de dos
proyectos que deseo realizar *(5 puntos)* .... ____

13. Actividad intelectual.

a) Mentalmente soy muy activo, disfruto leer,
escribir, resolver problemas, estar al tanto
de las noticias, de lo que sucede a mi
medio y en el mundo *(5 puntos)* .... ____

14. Satisfacción en el trabajo.
a) Amo mi trabajo *(5 puntos)* .... ____

15. Flexibilidad al cambio.
a) Soy flexible y me puedo adaptar
fácilmente a los cambios *(1 punto)* .... ____
b) No estoy aferrado rígidamente a mi idea
de cómo deben ser las cosas *(1 punto)* .... ____
16. Leo este libro *(10 puntos)* .... ____

Interpretación

51 a 53 puntos .... Excepcional.

46 a 50 puntos .... Excelente.

45 a 40 puntos .... Bueno. Necesitas poner atención a
los factores que te están faltando para
mejorar tu calidad de vida. Recuerda, que la calidad de vida tiene como
resultado una vida más larga.

Menos de 40 puntos .... Necesitas seriamente reconsiderar y
reestructurar tus prioridades en la
vida de inmediato.

Estrategias para mejorar la calidad de tu vida

1. Evita fumar y ser fumador pasivo.
2. Controla tu presión arterial, mantén niveles menores a 160/90.
3. Toma vitaminas. Se recomienda vitamina C (1200 mg por día), vitamina E (400 UI por día), calcio (1000 a 2000 mg por día), vitamina D (400 UI por día) ácido fólico (400 mcg/día) y vitamina B6 (mg/día).

   Las vitaminas E y C ayudan a mantener limpias las arterias inhibiendo la oxidación de la grasa en las paredes de los vasos sanguíneos, y convierten el colesterol en bioácidos para que puedan limpiar el cuerpo fácilmente.

   La vitamina C se encuentra en frutas y vegetales frescos; la vitamina E, en el aguacate, vegetales grasosos, nueces y algunos granos; sin embargo, estas cantidades no son suficientes. Es recomendable comer frutas o ingerir vitamina C dos horas antes de hacer ejercicio porque éste promueve la acumulación de oxidantes.

4. No abuses del alcohol. El abuso del alcohol afecta todos nuestros órganos, desde la piel hasta el cerebro, provoca la pérdida de 60 000 neuronas por día y reduce la capacidad corporal para absorber vitaminas.

5. Controla tus niveles de colesterol. Mantén tus niveles de colesterol totales a menos de 200. El colesterol HDL (bueno) debe estar en 55 y el LDL ("malo) menos de 160. Para ayudar a mantener los niveles de colesterol sigue una dieta baja en grasas saturadas, utiliza aceite de oliva y toma jugo de uva o no más de una copa de vino.

6. Sigue una dieta balanceada. Nuestra alimentación debe ser rica en nutrientes y baja en calorías. Se sugiere una dieta variada

que incluya 4 porciones de frutas, 5 porciones de vegetales y 4 a 5 porciones de granos o cereales; comer pescado 2 veces a la semana y no consumir carnes rojas más de una vez a la semana.

7. Utiliza terapia de reemplazo hormonal. Las mujeres, durante la menopausia y posmenopausia, deben evaluar médicamente la posibilidad de utilizar estrógenos.

8. Cuando manejes un automóvil, utiliza el cinturón de seguridad y no conduzcas bajo los efectos del alcohol

9. Mantén relaciones sexuales. Las relaciones sexuales sanas dentro de un contexto monógamo tienen efecto en la calidad y cantidad de vida.

10. Aprovecha lo que la vida te ofrece, evita el sedentarismo y conviértete en un eterno estudiante. Estimula tus cinco sentidos con arte, música, comida y relaciones interpersonales.

> **66**
> **Controla tus niveles de colesterol. Mantén tus niveles de colesterol totales a menos de 200. El colesterol HDL (bueno) debe estar en 55 y el LDL ("malo) menos de 160. Para ayudar a mantener los niveles de colesterol sigue una dieta baja en grasas saturadas, utiliza aceite de oliva y toma jugo de uva o no más de una copa de vino.**
> **99**

10. Participa en actividades sociales y de voluntariado.

11. Mantén una red de apoyo social.

12. Fortalece tu espíritu. Evalúa si en tu vida existe un equilibrio entre el "ser" y el "tener".

Nunca lo vayas a olvidar

CAPÍTULO 2

LA MEMORIA: ¿CÓMO RECORDAR LO QUE EMPEZAMOS A OLVIDAR?

La memoria tiene una importancia fundamental en la vida de todo ser vivo. Para poder sobrevivir, los insectos y animales, como mariposas, abejas y pájaros, poseen una serie de conductas que dependen de reacciones programadas por estímulos externos, codificadas por los genes e impresos en el sistema nervioso. En los organismos más complejos, como el ser humano, se necesita mayor versatilidad para enfrentar situaciones poco frecuentes; por lo tanto, para aprender necesitan almacenar y evocar la información.

En el ser humano, la memoria es la historia de su experiencia personal, es el pegamento que une su existencia mental y le permite crecer y cambiar a través de la vida. Cuando perdemos la memoria, como en la enfermedad de Alzheimer, perdemos la habilidad para recrear nuestro pasado y, como resultado, perdemos también la conexión con nosotros mismos y con otros. Además, el aprendizaje y la memoria trascienden al individuo para transmitir la cultura y civilización de generación en generación. Es una fuerza decisiva en la evolución cultural y social, así como del comportamiento.

Desde el punto de vista psicológico, la memoria es la habilidad para registrar y almacenar o guardar la experiencia. Es el proceso mediante el cual el aprendizaje persiste y nos permite aprender de la experiencia sin que necesitemos repetirla. La memoria también po-

dría definirse como una consecuencia del aprendizaje, siendo éste un cambio en la conducta que resulta de la práctica o de un proceso de adquisición de información. La memoria se refiere entonces a la persistencia del aprendizaje que puede revelarse algún tiempo después.

El aprendizaje y la memoria representan diferentes etapas de un mismo proceso que es continuo y gradual y cuyos pasos a menudo no son fáciles de distinguir. Sin memoria no se puede medir el aprendizaje; sin aprendizaje no existe una memoria que pueda valorarse.

En nuestra vida cotidiana, la memoria es muchas cosas diferentes; por ejemplo, es la imagen que nos viene a la mente cuando pensamos en la casa que habitábamos cuando éramos pequeños, es la habilidad para andar en bicicleta sin pensar en cómo lo hacemos, es el sentimiento de angustia cuando pensamos en algo que nos asustó, es utilizar una ruta familiar para llegar a algún lado y el conocimiento de que la aspirina sirve para quitar el dolor de cabeza. Es por esta complejidad que se dice que la memoria no es una función unitaria, sino un proceso complejo y multifacético. Cada memoria se almacena y se evoca de forma diferente. En el cerebro, una docena de áreas diferentes están involucradas en cada tipo de memoria, aunque mantienen una interacción de redes complejas.

> **66**
> **El aprendizaje y la memoria representan diferentes etapas de un mismo proceso que es continuo y gradual y cuyos pasos a menudo no son fáciles de distinguir. Sin memoria no se puede medir el aprendizaje; sin aprendizaje no existe una memoria que pueda valorarse.**
> **99**

Tipos de memoria

Los modelos actuales de memoria sugieren tres tipos de memoria: memoria sensorial, memoria a corto plazo (también conocida como inmediata, primaria o de trabajo) y memoria a largo plazo.

Memoria sensorial

La memoria sensorial (MS) es la primera etapa en el proceso de la memoria; es el reconocimiento momentáneo en el orden de milisegundos de lo que perciben nuestros sentidos. Percibimos el mundo que nos rodea a través del tacto, la visión, el olfato, la audición y el gusto. Constantemente somos bombardeados por estímulos visuales y auditivos, pero no los registramos todos. Sin embargo, si prestamos atención a esa impresión sensorial, ésta pasa a una segunda etapa de la memoria, conocida como: la memoria a corto plazo.

> **66**
> **Los modelos actuales de memoria sugieren tres tipos de memoria: memoria sensorial, memoria a corto plazo (también conocida como inmediata, primaria o de trabajo) y memoria a largo plazo.**
> **99**

La MS se refiere a una memoria ultracorta, que sería el equivalente a un postefecto, es la conservación momentánea de la información después de que se suspende el estímulo. Un ejemplo de esto sucede cuando se cierran los ojos y se sigue viendo durante un tiempo corto la imagen visual que se tenía. Sin embargo, esta imagen desaparece a gran velocidad. Las alteraciones en este sistema generalmente son experimentadas como un pro-

blema perceptual. La MS dura menos de un minuto y consiste de un destello muy breve del estímulo trasmitido a través de la modalidad sensorial que fue estimulada. Es una breve postimagen que se pierde, a menos que se transforme la memoria a corto plazo.

Memoria a corto plazo

La memoria a corto plazo (MCP) es una capacidad limitada que básicamente codifica información con características lingüísticas. Esta memoria es un pensamiento consciente, es el mínimo de información que podemos retener en un momento. Es un almacén temporal y limitado que guarda la información sólo durante unos cuantos segundos. En general, la MCP puede retener 6 o 7 datos en un momento, pero éstos se olvidarán en 6 o 7 segundos, a menos que se repitan continuamente o se manipulen con otras técnicas para transferirlos a un almacén más permanente, es decir, la memoria a largo plazo. Un ejemplo común de la MCP sucede cuando marcamos un nuevo número telefónico. Primero lo leemos en un papel, una tarjeta o un directorio; luego lo marcamos en el teléfono; después, cuando escuchamos que la línea está ocupada y deseamos reintentar la operación, nos damos cuenta de que hemos olvidado el número que acabamos de marcar. La información almacenada temporalmente por la MCP puede durar desde unos segundos hasta horas o varios días, pero no siempre pasa al almacén permanente o memoria a largo plazo.

Memoria a largo plazo

La memoria a largo plazo (MLP) se refiere a un almacenamiento duradero que retiene información por periodos variables, desde pocos minutos hasta décadas. La memoria a largo plazo tiene posibilidades ilimitadas y generalmente codifica información por significado más que por características lingüísticas. Ni la memoria a corto plazo ni la memoria a largo plazo son unitarias y ambas se pueden dividir de acuerdo con la modalidad: visual, auditiva, táctil, olfativa, gustativa. Además se puede dividir en semántica y episódica. La memoria semántica se refiere a nuestro conocimiento acerca del mundo, por ejemplo: que París es la capital de Francia, que la aspirina es para el dolor de cabeza, no es necesario recordar dónde o cuándo se adquirió este conocimiento. La memoria episódica es más autobiográfica, incluye el recuerdo de detalles que vimos en la televisión la noche anterior o dónde pasamos las vacaciones el año pasado. La memoria de procedimiento se utiliza para cubrir el aprendizaje de habilidades específicas, desde aprender a andar en bicicleta hasta el aprendizaje de palabras al inverso. No es necesario recordar haber hecho esta tarea antes para poder hacerlas. Demostramos cómo andar en bicicleta, subiendo en una bicicleta, no es necesario recordar dónde y cómo lo aprendimos. En contraste, la memoria declarativa requiere una conciencia de dónde y cómo algo ocurrió, y ser capaz de decir que ocurrió. Por ejemplo: ayer aprendí a andar en bicicleta.

Las etapas del recuerdo

El recuerdo o evocación de la información consiste en tres etapas: registro, retención o almacenamiento y recuperación.

Registro

Es necesario registrar la información para pasar al almacenaje temporal o memoria a corto plazo.

Retención o almacenamiento

Para retener la información se requiere de atención a aspectos relevantes, asociarla con algo que ya conocemos, analizarla, elaborar detalles y repetirla. Estas tareas le dan un significado más profundo a la información y aumentan la oportunidad de recordarla. En esta etapa los procesos importantes son: atención, asociación y repetición.

Es necesario prestarle atención a lo que necesitamos recordar. La cantidad de datos que podemos almacenar en la memoria a corto plazo es limitada, por eso debemos enfocarnos en lo que es relevante. La asociación es el proceso activo que hacemos de manera continua cuando registramos información; es decir, aunque sea de manera inconsciente, la nueva información codificada se relaciona e incorpora con otra información relevante que existe en nuestra memoria a largo plazo. Si este proceso lo realizamos de manera conscien-

> **❝**
> **La evocación**
> **es la búsqueda**
> **automática de la**
> **información almacenada**
> **en la memoria**
> **a largo plazo**
> **y el reconocimiento**
> **es la acción de percibir**
> **y diferenciar una**
> **información entre**
> **varias alternativas.**
> **❞**

te, asociando la nueva información con algo que ya conozcamos, aumentarán las posibilidades de guardarla durante más tiempo.

Recuperación

Recuperación es el proceso de sacar la información almacenada en la memoria a largo plazo al estado consciente de la memoria a corto plazo. Una gran parte de las quejas de memoria se centran en la incapacidad para recuperar cuando se necesita la información almacenada. Existen dos formas o caminos a través de los cuales podemos recuperar la información: el reconocimiento y la evocación.

La evocación es la búsqueda automática de la información almacenada en la memoria a largo plazo y el reconocimiento es la acción de percibir y diferenciar una información entre varias alternativas.

> **66**
> **La transferencia de memoria sensorial a memoria a corto plazo requiere de atención; la transferencia de memoria a corto plazo a memoria a largo plazo requiere de repetición y organización.**
> **99**

En general, el reconocimiento es más fácil que la evocación. La evocación se activa comúnmente con una clave (un pensamiento, una imagen, un sonido, una palabra, un olor, etcétera) que inicia la recuperación de información almacenada en la memoria a largo plazo. Por ejemplo: recordamos el apellido de una persona si nos dan el primer nombre.

En algunas ocasiones recordamos las caras pero no los nombres de las personas. La causa de esto es que identificamos fácilmente la cara por medio de un proceso de reconocimiento. Sin embargo, para recordar el nombre requerimos de un proceso de evocación de la memoria a largo plazo, en el que la cara es la única clave.

Cuando buscamos el nombre de una persona podemos pensar en datos relacionados (dónde la conocimos, en qué lugar estábamos cuando nos la presentaron, etc.) que nos sirvan de claves para encontrar la información deseada.

¿Por qué olvidamos?

No es eficiente recordar todo lo que registramos. Una parte esencial del proceso de memoria es tomar decisiones acerca del tipo de información que vale la pena retener. Son múltiples las causas por las que olvidamos, a continuación describimos sólo algunas de ellas.

➠ Cierta información nunca llega al almacenamiento permanente, sólo pasa por la memoria sensorial o la memoria a corto plazo. Esto puede deberse a que: no le prestamos la debida atención, la oímos y vimos pero no la escuchamos y miramos, no la comprendimos, no nos importó lo suficiente para recordarla, algo nos distrajo o simplemente no necesitamos recordarla.

➠ Las memorias que entran en nuestro almacén pueden sobresaturarse con otra información similar que hace que la información original no sea relevante. Por ejemplo, olvidamos lo que desayunamos porque todos los días ingerimos algo parecido; sin embargo, si desayunáramos algo diferente (pulpos al mojo de ajo o calamares en su tinta) no se nos olvidaría.

➠ La información nueva no tiene un conocimiento previo y no tenemos con que asociarla por eso es más difícil de recordar. Por ejemplo, cuando aprendemos por primera vez a jugar ajedrez.

➠ Cierta información sólo se recuerda cuando tenemos las claves apropiadas. Por ejemplo, recordamos el nombre de un compañero de la primaria sólo cuando vemos una fotografía de esa época.

➠ Algunas memorias no están disponibles todo el tiempo o simplemente desaparecen. Esto puede deberse a la falta de uso; por ejemplo, las palabras de otro idioma que aprendimos en la secundaria.

➠ Las memorias cambian a través del tiempo, constantemente reconstruimos lo que aprendimos y lo incorporamos a lo que continuamente aprendemos. Esto explica por qué dos personas que participaron en el mismo suceso, con el tiempo lo recuerdan en forma diferente.

En resumen, la transferencia de memoria sensorial a memoria a corto plazo requiere de **atención;** la transferencia de memoria a corto plazo a memoria a largo plazo requiere de **repetición y organización.**

El olvido de la memoria sensorial es resultado de la desaparición de la imagen, la información se pierde en menos de un segundo, simplemente como función del tiempo. El olvido de la memoria a corto plazo es por desplazamiento, la información nueva desplaza a la vieja. El olvido de la memoria a largo plazo es por la interferencia que ocurre entre una pieza de información y otra aprendida, previa o subsecuentemente. Este tipo de memoria también se olvida por falta de uso.

Organización de la memoria en el cerebro

El cerebro humano contiene unos cien mil millones de células llamadas neuronas, que están unidas en redes que dan lugar a diversos procesos cognoscitivos, como la memoria, la inteligencia, la emoción y la personalidad. También hay trillones de células gliales (del griego *glia*, liga) que forman una red que alimenta y protege a las neuronas. Lo que determina las características mentales no es la cantidad de neuronas sino el cómo están conectadas. Las células se conectan por medio del axón y reciben información por medio de las dendritas. La zona de contacto entre dos neuronas se denomina sinapsis. Las neuronas se comunican a través de sustancias químicas (neurotransmisores) e impulsos eléctricos. Cada neurona está conectada con cientos de neuronas por medio de mil a diez mil sinapsis. Se estima que tomaría 32 millones de años contar las sinapsis que se encuentran en la corteza cerebral.

A través de los sentidos recibimos información visual, táctil, auditiva, olfativa y gustativa que llega a regiones específicas de la corteza cerebral. Por ejemplo,

> **66**
> **Cada neurona está conectada con cientos de neuronas por medio de mil a diez mil sinapsis. Se estima que tomaría 32 millones de años contar las sinapsis que se encuentran en la corteza cerebral.**
> **99**

la corteza auditiva primaria –localizada en el lóbulo temporal– procesa los sonidos, la corteza primaria visual procesa las imágenes registradas por el ojo, receptores localizados en la nariz registran los olores y los envían a la corteza olfatoria y las sensaciones táctiles son detectadas por la piel y enviadas para su procesamiento a la corteza somatosensorial de las regiones parietales. En cada una de las modalidades, la memoria permite: el registro de lo que el sujeto recibe, el almacenamiento o conservación de esta información y la evocación o recuperación de la huella de memoria.

Formación de una memoria

El cerebro humano puede mantener billones de impresiones, algunas son momentáneas y otras duran toda la vida. A estas impresiones las llamamos memorias. Vivimos rodeados continuamente de sonidos y estímulos visuales, pero la mayor parte de éstos los desechamos inmediatamente. No necesitamos registrarlos. Sin embargo, cuando le prestamos atención a una impresión sensorial, ésta entra a una segunda etapa conocida como memoria a corto plazo. Cada fragmento de información que es percibida se envía a un almacenaje específico de nuestra biblioteca interna. Durante la noche, cuando el cuerpo descansa, estos fragmentos son recuperados del almacén, reagrupados y repasados. Cada repasada provoca que se delineen más profundamente en la estructura neuronal, hasta que llega un momento en que las memorias y la persona que las mantiene se vuelven uno mismo.

¿En dónde está la memoria?

La memoria no reside en una parte concreta del cerebro, sino que resulta de un esfuerzo creativo conjunto realizado por neuronas versátiles que funcionan en equipos, comunicándose mediante sinapsis y sustancias neurotransmisoras.

Lo que pasa cuando el cerebro forma nuevas memorias es conocido como plasticidad. Es obvio que algo cambia en el cerebro cuando aprendemos y recordamos nuevas cosas; sin embargo, no cambia su estructura general sino las conexiones entre las células y especialmente la fuerza de su conexión. Cuando escuchamos una palabra muchas veces, la activación repetida de ciertas células en un cierto orden hace más fácil su repetición posteriormente. Es el patrón sincrónico lo que representa cada memoria específica.

En el cerebro ocurren cambios en la sinapsis, que es el punto de comunicación entre las neuronas. Los recuerdos no se almacenan dentro de las células, lo que se modifica es la eficacia de la sinapsis entre las neuronas y la estructura espacial de las redes neuronales

implicadas. Dependiendo del grado de activación, algunas sinapsis desaparecen, mientras que otras quedan reforzadas e incluso surgen nuevos contactos sinápticos. La configuración de estos cambios neuronales representa el recuerdo de la experiencia.

La mayor parte de las memorias consiste en un grupo de elementos dispersos que se sincronizan. Lo que aparentemente es una memoria simple en realidad es una construcción muy compleja. Si se piensa por ejemplo en "un gato", se recuerda la forma, el nombre, su apariencia, su olor y el sonido de su voz. Desde el punto de vista de procesamiento, cada pieza de información se extrae de diferentes partes del cerebro. Cuando fallamos en conectar el nombre de una persona con su cara, es cuando experimentamos el desequilibrio o el rompimiento del proceso de este maravilloso ensamblaje automático. Muchos de nosotros lo empezamos a experimentar a los 20 años de edad, pero nos atormenta más cuando llegamos los 50.

La consolidación de la memoria depende del hipocampo, una estructura que está por debajo de los lóbulos temporales. Durante este tiempo, el hipocampo mantiene y registra la memoria, está conectado con diferentes partes de la corteza y se mantiene activado. La destrucción del hipocampo tendría efectos devastadores en la persona, pues no podría almacenar nuevos recuerdos.

Los episodios destinados a la memoria a largo plazo se envían al hipocampo de la corteza, donde son registrados como patrones neuronales. Debido a que el hipocampo está conectado en formas diferentes con áreas corticales es capaz de hacer una representación global de un suceso. Por ejemplo, si tuvimos una experiencia romántica en la playa, el sonido de la música, el sabor del vino, la vista del mar y el conocimiento de dónde y cuándo sucedió se almacenan para crear un episodio completo más que una colección de impresiones de datos aislados. El hipocampo es el encargado de reunirlos y repasarlos varias veces.

Lo vivido se repasa muchas veces cuando dormimos, esto podría explicar por qué se entremeten los sucesos del día durante el sueño. Cada vuelta a pasar envía nuevos mensajes a la corteza, donde cada elemento de la escena fue registrado originalmente. Esta regeneración del patrón original los almacena más profundamente en el tejido cortical, protegiéndolos de degradación hasta que las memorias quedan grabadas. También quedan unidos independientemente del hipocampo. Esta unión hace que un solo evento llame o active los demás. El sonido de una música particular enciende toda la memoria. Una vez que ya quedó guardado en la memoria semántica o episódica, ya no es necesario el hipocampo para evocarlo. El traer un dato antiguo a la mente, activa las áreas temporales y frontales. El temporal guarda hechos y lenguaje, mientras que las regiones frontales llevan a las memorias a la conciencia.

Los episodios que van a quedar almacenados en la memoria a largo plazo no se almacenan directamente. El proceso de almacenarlos toma tiempo, si es en forma permanente puede ser de dos años, hasta entonces son frágiles y pueden ser fácilmente borrados.

Cambios de la memoria con la edad

Con el paso de los años, la memoria sensorial no cambia, podemos registrar información por medio de los sentidos igual que cuando somos jóvenes; la memoria a corto plazo también es muy parecida (podemos marcar igual el teléfono).

Con la edad, los problemas de memoria que tienen las personas son principalmente de la evocación, es decir, presentan dificultades para recuperar la información cuando lo desean. Por ejemplo, "co-

nozco el nombre de la medicina, pero no puedo recordarlo en este momento". Sin embargo, la mayor parte de las personas no describen problemas con el reconocimiento y frecuentemente señalan que cuando ven o escuchan pueden reconocer la información.

Es conocido que ciertos factores pueden afectar el proceso de memoria en las personas de cualquier edad. Sin embargo, el impacto de éstos puede aumentar a medida que envejecemos; esto se debe a que mientras mayor edad tengamos podemos experimentar más de uno de estos factores al mismo tiempo.

Los problemas de memoria se deben a cambios en los siguientes procesos:

1. Atención dividida: Nos cuesta más trabajo prestar atención dos cosas a la vez.

2. Nuestra capacidad para aprender nueva información. Necesitamos aumentar el esfuerzo para aprender información.

3. Recuperar. Se vuelve difícil acceder a nombres familiares y vocabulario.

4. Evocar. Requiere más tiempo recuperar de la información de la memoria a largo plazo.

Factores que afectan el proceso de memoria en todas las edades

Con los años, se pueden manifestar trastornos en la memoria debidos a cambios neuronales en el cerebro y por diferencias de procesamien-

to. También es posible que se afecte la transmisión de información entre las neuronas (por fallas en los neurotrasmisores, como acetilcolina) y que se presentan deficiencias de atención por alteraciones de los lóbulos frontales. El aumento de la edad trae consigo muchas causas de deterioro de las neuronas, como: uso de fármacos, enfermedades crónicas, depresión, alcoholismo, vida sedentaria, presión alta, falta de estimulación, falta de deseo para aprender, desnutrición y exceso de grasa, por mencionar sólo algunas.

¿Cuándo falla la memoria?

La memoria es una de las funciones cognoscitivas más sensibles al daño cerebral. Por ejemplo, la amnesia es una pérdida parcial o total de la memoria, es decir, una incapacidad para recuperar la información. Los trastornos de la memoria pueden ser desde la simple pérdida de detalles mínimos en la capacidad evocativa, hasta casos severos en los que no sólo se ve afectada la posibilidad de recuperar información, sino que incluso se pierde toda noción de haber estado expuesto a ella.

Es importante enfatizar que en la memoria intervienen diversos procesos que deben estar intactos para que ésta ocurra normalmente. Por ejemplo, es necesario una atención adecuada para que se puedan registrar los datos. Los trastornos en la atención se producen por un estado de confusión y una imposibilidad para recordar. Personas somnolientas, deprimidas o ansiosas pueden mostrar dificultades para almacenar y recuperar información.

Autoevaluación de tu memoria

Resuelve el siguiente cuestionario y suma los puntos que se indican por cada respuesta correcta. Al final, encontrarás una tabla de resultados para realizar tu autoevaluación.

1. Repite luego de una sola lectura las siguientes palabras:
   LIMA, CABRA, CODO, PERA, HOMBRO, BURRO
   Valor: 6 puntos (1 punto por cada palabra) .... ___

2. Repite luego de una sola lectura los siguiente datos:
   JUAN PEDRO GÓMEZ
   AVENIDA MÉXICO 3855
   México, D.F., C.P. 11930
   Valor: 3 puntos (1 punto por cada línea) .... ___

3. Repite luego de una sola lectura los datos de la siguiente fecha:
   Día: 8
   Mes: SEPTIEMBRE
   Año: 2002
   Valor: 3 puntos (1 punto por cada línea) .... ___

4. ¿Sabes cómo se llama el jefe de gobierno de tu entidad? *Valor: 1 punto* .... ___

5. ¿Recuerdas los números telefónicos de
   al menos tres familiares o amigos?
   Valor: 3 puntos (1 punto por cada uno) .... ___

6. ¿Recuerdas los nombres de al menos
   dos cantantes famosos, dos escritores famosos
   y dos deportistas famosos?
   Valor: 3 puntos (medio punto por cada nombre) .... ___

7. ¿Puedes recordar los nombres de los
   tres presidentes de la república más recientes?
   Valor: 3 puntos (1 punto por cada nombre) .... ___

8. ¿Recuerdas correctamente dónde dejas tus objetos
   personales? *Valor: 1 punto* .... ___

9. ¿Eres capaz de recordar al menos
   cuatro de las seis palabras que leíste
   en la pregunta número 1?
   Valor: 4 puntos (1 punto por cada palabra) .... ___

10. ¿Eres capaz de recordar el nombre
    y la dirección que leíste en la pregunta
    número 2? *Valor: 3 puntos (1 punto por cada línea)* ___

Interpretación

27 a 30 puntos .... Memoria dentro del promedio.

26 a 22 puntos .... Necesitas mejorar tu memoria.

Menos de 21 puntos .... Probablemente requieras evaluación
                            profesional.

Demencias

Uno de los trastornos neuropsicológicos sobresalientes de las demencias en general son las alteraciones en los procesos de la memoria. En las llamadas demencias corticales, como la enfermedad de Alzheimer, la pérdida de la memoria para hechos recientes es el trastorno más precoz y prominente. Estas perturbaciones se acentúan de manera progresiva y se acompañan de desorientación espacio-temporal y desintegración general de los procesos cognoscitivos. Se ha sugerido que estos pacientes tienen una capacidad de almacenamiento disminuida y una tasa de olvido más alta que la de los ancianos normales. En pruebas de retención de palabras, la curva de memorización y la evocación diferida son muy pobres y señalan, además de la afección en la memoria de corto plazo, una grave alteración en la memoria de largo plazo o incapacidad para almacenar información.

Los adultos normales se pueden quejar de pérdida de la memoria, sobre todo si se encuentran desarrollando trabajos con altas demandas intelectuales. ¿Cómo podemos saber si la pérdida de memoria es algo más serio que un simple problema asociado con la edad? En la lista siguiente se señalan algunas diferencias que nos pueden ayudar.

> 66
> Uno de los trastornos neuropsicológicos sobresalientes de las demencias en general son las alteraciones en los procesos de la memoria. En las llamadas demencias corticales, como la enfermedad de Alzheimer, la pérdida de la memoria para hechos recientes es el trastorno más precoz y prominente.
> 99

➠ La demencia es una enfermedad progresiva. En los problemas de memoria asociados con la edad, la pérdida de memoria permanece estable.

➠ Los personas normales pueden compensar la pérdida de memoria con claves y notas. Los trastornos de memoria asociados con la demencia interfieren con la actividad diaria.

➠ En la enfermedad de Alzheimer se afectan muchos tipos de memoria: incluyendo el uso de las palabras, la solución de problemas, la orientación en el espacio y el uso de razonamiento y juicio. Además, se presentan cambios en la estado de ánimo y la personalidad.

➠ Es importante enfatizar que hay más de 30 condiciones que pueden producir un cuadro demencial y que algunas de ellas son tratables, por ejemplo, las demencias asociadas con depresión, deficiencias de nutrición y vitaminas, interacción e intoxicación con fármacos, desbalance tiroideo, algunas infecciones, tumores, embolias o aumento de líquido cefalorraquídeo en el cerebro.

Estrategias para mejorar la memoria

La incapacidad para recordar puede deberse a fallos de alguna de las tres fases de la memoria: el registro o codificación, el almacenamiento o retención y la evocación o recuperación. Cuando experimentamos la sensación angustiante de "lo tengo en la punta de la lengua", el problema puede deberse a una falta de atención en el momento del registro, a problemas durante el almacenamiento o a deficiencias para encontrar alguna clave que nos ayude a evocar.

A continuación, se describen estrategias para cada una de las etapas del proceso de memoria.

Para mejorar el registro o codificación

➠ Mantener una actitud abierta y positiva. La memoria es un proceso creativo. La intención para recordar y la activación emocional determinarán la actividad que se desarrolle.

➠ Observar activamente y pensar acerca de lo que quieres recordar. Contrario a la actitud de "ver qué se me pega", la observación activa es prestar atención consciente a los detalles que vemos, oímos, escuchamos o leemos. Por medio de ésta, encontraremos significado en una fotografía, una cara nueva, una escena natural, una conversación o lo que nos suceda en la calle.

> **66**
> **La memoria es un proceso creativo. La intención para recordar y la activación emocional determinarán la actividad que se desarrolle.**
> **99**

Es importante pensar en el significado de lo que estamos aprendiendo. Analiza cómo te sientes, cómo te afecta, qué es aquello que deseas recordar.

➠ Enfocar la atención en lo que deseas recordar. Pregúntate ¿a qué le estás prestando atención? Esto incrementará inmediatamente tu capacidad de atención y concentración. No saber escuchar provoca una gran cantidad de problemas de memoria

➠ Fortificar la huella de la memoria mediante varias modalidades: utiliza todos los sentidos: ver, tocar, oler, gustar, oír. Te-

nemos diversos tipos de memoria y las habilidades de cada una son extraordinarias. Por ejemplo, el olor activa las memorias más poderosas; el nervio olfativo está a sólo dos sinapsis de la amígdala, el centro de las emociones humanas. Aunque la memoria evocada por el olor no es más exacta que la evocada por otras claves (como las imágenes) se sabe que el olor sí incrementa la intensidad de la evocación.

▪▪▶ Identificar los detalles de lo que deseas recordar. Cuando detallamos la información, su codificación es más profunda. Trata de entender qué sucede, y relaciónalo con lo ya conocido y la sensación que provoca.

▪▪▶ Esforzarse en comprender antes de memorizar. Haz preguntas para aclarar y verificar la información recibida.

Para incrementar la retención o el almacenamiento

▪▪▶ Utilizar el tiempo necesario para aprender y memorizar. Olvidamos la información recibida cuando estamos apurados. Es necesario darnos tiempo para consolidar lo que tenemos que recordar. No olvides que el aprendizaje nuevo interfiere con el antiguo, y que el almacenaje temporal: es muy susceptible a interferencias.

▪▪▶ Evitar las distracciones y dar tiempo a que la mente consolide la información recibida. Si has estudiado durante una hora, aproximadamente, toma un descanso y realiza una actividad que eleve tus niveles de epinefrina y noradrenalina (como: correr, caminar, lavar la ropa, barrer), esto te ayudará a fijar la memoria. Cuando tenemos una experiencia muy intensa, la noerpinefrina aumenta la intensidad de la señal y queda guardada

en la memoria. Después del descanso, y antes de aprender algo nuevo, revisa de nuevo el material estudiado.

➠ Repetir y practicar tanto como se pueda. Revisa la información, haz un resumen y subraya lo más importante.

➠ Usar revisualización, imaginación y asociación.

➠ Revisualización. "Una imagen vale más que mil palabras". La visualización es el proceso de crear una imagen mental de una tarea, número, nombre o pensamiento abstracto. Esta técnica es conocida como "el arte de la memoria".

➠ Arte de la memoria. Consiste en crear vívidas imágenes de lo que se pretende retener y asociarlas con cosas conocidas para luego recordarlas. Por ejemplo, para no olvidar que debes comprar una botella de aceite, imagínala sobre un mueble limpio que podría mancharse si el contenido de ésta se derramara. Podemos colocar imágenes de todo lo que nos hace falta en diversos cuartos de nuestra casa.

> **66**
> **"Una imagen vale más que mil palabras".**
> **La visualización es el proceso de crear una imagen mental de una tarea, número, nombre o pensamiento abstracto. Esta técnica es conocida como "el arte de la memoria".**
> **99**

Este sistema fue ideado por Simónides de Ceos, poeta griego, quien 500 años antes de nuestra era ideó el sistema de los lugares de la memoria. Cuenta la leyenda que durante un banquete se salvó de morir aplastado por el derrumbe del techo y fue el único en poder reconocer los destrozados cuerpos de los comensales al recordar los lugares donde estaban sentados.

➠ Imaginación. Este sistema de Simónides extendió su influencia hasta el Renacimiento e inspiró el arte medieval, que utilizaba figuras grotescas para evocar las enseñanzas religiosas sobre virtudes y vicios. Está latente en las obras de Giordano Bruno, Shakespeare y Dante. Con el descubrimiento de la imprenta y el papel se dejó de utilizar.

➠ Asociación. Consiste en hacer una conexión mental entre lo que estamos memorizando y el conocimiento que ya tenemos. Otra manera de utilizar la técnica consiste en asociar los datos e ideas que tienen sentido para nosotros; por ejemplo, codificar o asociar el número confidencial de la tarjeta bancaria con alguna fecha de cumpleaños conocida. Aquí también es importante repetir la información varias veces, memorizar en sesiones cortas y descansar 10 minutos. Mientras se aprende es importante evitar interferencias como llamadas telefónicas o ruidos distractores.

➠ Darse instrucciones verbales acerca de lo que desea recordar. La autoinstrucción es el proceso de darse refuerzo mental o verbal para que se le preste atención a lo que deseamos recordar. Esta técnica es poderosa porque concentra nuestra atención en un acto que frecuentemente se hace automático y por tanto se puede olvidar.

Fuentes externas

Vivimos en una época llena de información, quizá mucho más de la que podemos utilizar productivamente, y deseamos encontrar sustan-

cias y alimentos que nos hagan pensar más rápido, que nos permitan recordar con mayor facilidad.

Desde el inicio de los años noventa surgieron varios libros que recomendaban dietas, fórmulas o plantas para mejorar el funcionamiento del cerebro. En la actualidad existe un enorme mercado para estos productos, que incluyen: vitaminas, minerales y otras sustancias químicas que, según dicen, actúan sobre los transmisores cerebrales. Sin embargo, aún es necesario investigar más acerca de los beneficios de estos productos.

Se piensa que estas sustancias ayudan a contrarrestar los efectos dañinos de los radicales libres (que causan el envejecimiento). Los radicales libres son resultado del proceso normal del metabolismo de oxígeno en el cuerpo y se considera que causan daño a las células humanas. Estudios científicos han demostrado una asociación significativa entre los radicales libres y diversas enfermedades asociadas con la edad,

> **66**
> **Vivimos en una época llena de información, quizá mucho más de la que podemos utilizar productivamente, y deseamos encontrar sustancias y alimentos que nos hagan pensar más rápido, que nos permitan recordar con mayor facilidad.**
> **99**

como: cardiopatías, cáncer, degeneración de la retina ocular y cambios en el sistema inmunológico. Las defensas naturales en contra de estos compuestos tóxicos pueden disminuir con la edad o en condiciones de estrés; es entonces que los radicales libres se pueden acumular y causar daño.

➦ **Productos herbales.** El *Ginkgo biloba* es uno de los productos herbales de mayor popularidad como supuesto remedio para la memoria. Este árbol es uno ornamental que tiene hojas en forma de abanico y se suele cultivar para dar sombra. Los extractos de *Ginkgo biloba* se usan desde hace siglos en la medicina tradicional china y se han convertido en una de las medicinas naturales más recetadas en Alemania y Francia. En México y Estados Unidos no se venden como medicina, sino como alimento. Se dice que el *Ginkgo biloba* actúa a través de sus efectos antioxidantes y ayuda a mejorar el flujo de oxígeno al cerebro.

Recientemente se investigaron las propiedades del *Ginkgo biloba* para ayudar a contrarrestar los efectos dañinos de los derrames cerebrales. Un estudio reciente reportó que animales de laboratorio a los que se les suministraron pequeñas dosis de esta sustancia durante una semana antes de provocarles un derrame cerebral, habían sufrido 30% menos daño en esa zona que el grupo control. Sin embargo es importante considerar que aún no se ha determinado la dosis que debe utilizar el humano y si pueden existir efectos negativos.

➦ **Alimentación.** Es importante comer una dieta balanceada con 4 porciones de frutas y 5 a 6 porciones de vegetales, 600 mg de vitamina C (hasta 2000 mg) en dosis divididas separadas por lo menos por 6 horas y 400 IU de vitamina E. La vitamina E, se encuentra en el aguacate y en vegetales grasosos. También en nueces y en algunos granos. La vitamina C se encuentra en frutas y vegetales frescos. Es importante comer frutas o ingerir vitamina C dos horas antes de hacer ejercicio, ya que la actividad intensa promueve la acumulación de oxidantes. La vitamina E y C ayudan a mantener limpias las arterias a través de inhibir la oxidación de la grasa en las paredes de los vasos sanguíneos y convierten el colesterol en bioácidos.

➡ **Estrógenos.** Se ha reportado que las mujeres que se encuentran en terapia con estrógenos durante la menopausia mejoran su memoria. El estradiol mejora la circulación sanguínea cerebral, manteniendo neuronas sanas; las hormonas estimulan la formación de nuevas neuronas en el hipocampo. Estudios recientes informan de una menor incidencia de la enfermedad de Alzheimer en mujeres que toman estrógenos en la menopausia.

> 66
> El *Ginkgo biloba* es uno de los productos herbales de mayor popularidad como supuesto remedio para la memoria. Los extractos de *Ginkgo biloba* se usan desde hace siglos en la medicina tradicional china y se han convertido en una de las medicinas naturales más recetadas en Alemania y Francia.
> 99

¡No se distraiga, por favor!

LA ATENCIÓN: SUS TRASTORNOS, SUS CAUSAS Y CÓMO MEJORARLA

L a atención es un proceso necesario para realizar muchas actividades mentales, incluyendo memorizar, comprender el lenguaje oral escrito y resolver problemas intelectuales. Un objeto atendido permanecerá en la memoria; uno al que no le prestamos atención no dejará ninguna huella.

La atención es un prerrequisito para la memoria. Si no oímos con atención, no entenderemos. Para recordar algo necesitamos primero registrarlo, y no podremos hacerlo sin atenderlo. Es decir, existe una asociación estrecha entre la atención y la memoria. Los especialistas afirman que las deficiencias de atención son responsables de 50% de los problemas de memoria.

Atención no se refiere sólo a la habilidad para sentarse y oír que alguien habla. Atender o prestar atención implica estar despierto, vigilante y tener la capacidad de percibir estímulos relevantes y desechar la información insignificante.

La atención incluye diversas capacidades básicas, como:

➠ Identificar la naturaleza y contenido de los estímulos por medio de los receptores sensoriales.
➠ Seleccionar la información relevante.
➠ Concentrarse en cierta información o estímulo.

¡NO SE DISTRAIGA, POR FAVOR!

➡ Inhibir la atracción por estímulos que compiten y que son irrelevantes o redundantes.

➡ Cambiar el punto de interés hacia otro objeto o estímulo cuando así se requiera.

➡ Dividir la atención entre dos estímulos simultáneos y, al mismo tiempo, observar lo que sucede alrededor.

Niveles de conciencia

La atención implica determinado nivel de conciencia. Por lo general se distinguen diferentes niveles de conciencia que van de un estado de alerta total hasta los estados de coma. Los neurólogos clínicos distinguen cinco niveles principales de conciencia:

1. Alerta o estado vigilante.

2. Somnolencia o estado letárgico.

3. Obnubilación.

4. Estupor o semicoma.

5. Coma.

> **"**
> **Atención no se refiere sólo a la habilidad para oír que alguien habla. Atender o prestar atención implica estar despierto, vigilante y tener la capacidad de percibir estímulos relevantes y desechar la información insignificante.**
> **"**

Alerta implica que el paciente está despierto y consciente de los estímulos normales externos e internos. Estar *letárgico* o *somnolien-*

to supone que el paciente no está totalmente alerta y tiende a caer en sueño cuando no es estimulado activamente. La *obnubilación* es el estado intermedio entre letárgico y estuporoso; durante este estado es difícil alertar al sujeto y cuando se logra, éste se muestra confuso; se necesita estimulación constante para lograr su atención. El término *estupor* o *semicoma* se usa para describir al paciente que sólo responde a la estimulación persistente y vigorosa. Finalmente, *coma* supone que el paciente no puede despertarse y no responde a ningún tipo de estímulo externo e interno.

Diferencia entre atención y concentración

Atención es la habilidad para atender algunos estímulos específicos inhibiendo otros estímulos externos o internos simultáneos. Esta capacidad de enfocarse en un estímulo es diferente del concepto de alerta. Alerta es un estado más básico de activación, donde el paciente despierto puede responder a cualquier estímulo que se le presente. El paciente alerta puede estar atento pero distraerse con cualquier estímulo externo o interno; por el contrario, el paciente atento puede inhibir los estímulos irrelevantes. Evidentemente, la atención presupone alerta. Por otra parte, la concentración es la habilidad para sostener la atención durante un determinado periodo.

> **66**
> **Evidentemente, la atención presupone alerta. Por otra parte, la concentración es la habilidad para sostener la atención durante un determinado periodo.**
> **99**

¡NO SE DISTRAIGA, POR FAVOR!

Los trastornos de la atención pueden deberse a múltiples causas, como: depresión, estrés, fatiga, y alteraciones en la estructura y/o actividad bioquímica del cerebro.

Trastornos por déficit de atención

Escuchar acerca del síndrome de déficit de atención nos hace imaginar inmediatamente a un niño hiperquinético, distraído e incapaz de detenerse física o mentalmente un momento para enfocar su atención sobre algo. El movimiento continuo, las interrupciones y las conductas disruptivas son las características de estos niños. Las primeras descripciones de esta alteración atencional fueron realizadas en 1940, y en 1994 se establecieron y reconocieron nuevos criterios en la definición de este grupo de niños

Hoy en día se habla en general del llamado síndrome de déficit de atención con hiperactividad (DAH). Este síndrome se refiere a la presencia de un patrón persistente de inatención, hiperactividad e impulsividad que es más frecuente y severo que el observado en otros niños de la misma edad con un nivel de desarrollo similar.

El DAH es uno de los problemas más comunes en la infancia. Su incidencia aproximada es de 5 a 7% para los niños y 2 a 4% para las niñas. El DAH aparece a edad muy temprana, antes de los siete años de edad. Estos problemas no se resuelven siempre durante la adolescencia, y persisten en el adulto en 30 a 50% de los casos, por lo que representan un importante problema de salud pública.

El diagnóstico de DAH sólo debe hacerse si el síndrome está interfiriendo visiblemente con el desarrollo social, académico, ocupacional o reactivo del paciente. En algunos niños el trastorno es predominantemente atencional (primer subgrupo); en otros se puede centrar en el componente de hiperactividad-impulsivo (segundo subgrupo) y también hay quienes combinan la hiperactividad con los problemas de atención (tercer subgrupo).

En los problemas de inatención, la desorganización de la conducta y el mal rendimiento académico son en cierta forma silenciosos, ya que pueden atribuirse a pereza, depresión o falta de motivación.

El DAH puede persistir durante la adultez, pero con manifestaciones un poco diferentes. Algunos adultos con DAH residual buscan atención médica y/o psicológica por una o varias de las siguientes razones.

⮡ Están insatisfechos porque tienen problemas laborales severos, cambian constantemente de actividad laboral, o en su trabajo no se les promueve tan rápido a pesar de ser aparentemente eficientes.

⮡ Tienen conflictos frecuentes en sus relaciones interpersonales y con su pareja.

⮡ Se sienten frustrados porque no logran alcanzar sus metas; aunque realicen grandes planes, sólo consiguen un poco de lo que se proponen.

Primer subgrupo.
Niños con inatención

Los problemas de atención no se manifiestan sólo en la incapacidad para escuchar detenidamente, pues existe una gran variedad de manifestaciones cognoscitivas. La siguiente lista es una muestra de algunas de ellas.

- ➤ Dificultades para atender los detalles.

- ➤ Dificultades para organizar el trabajo.

- ➤ Imposibilidad para mantener el esfuerzo mental.

- ➤ Dificultades para completar una tarea.

- ➤ Fallas en la habilidad para filtrar otra información (interna y externa).

- ➤ Problemas frecuentes en la llamada memoria de trabajo.

- ➤ Errores para mantener la secuencia de las cosas.

- ➤ Problemas de motivación para trabajar.

Los niños con problemas de inatención son capaces de jugar o de ver la televisión durante un tiempo prolongado. Lo que los diferencia de otros niños normales es que no logran hacer lo que no les gusta por un tiempo igualmente largo. Fracasan cuando necesitan organizarse o sostener la atención en tareas relativamente poco interesantes o impuestas por los maestros o los padres. Saben que esas tareas son importantes, pero son incapaces de realizar un esfuerzo constante por hacerlas. Estos niños presentan un problema para activar y mantener las funciones atencionales.

> **"**
> **Los niños con problemas de inatención pueden jugar o ver la televisión durante un tiempo prolongado.**
> **Lo que los diferencia de otros niños normales es que no logran hacer lo que no les gusta por un tiempo igualmente largo.**
> **"**

Segundo subgrupo.
Niños con hiperactividad–impulsividad

Los niños con hiperactividad-impulsividad se caracterizan por síntomas diversos, como los de la siguiente lista.

➠ Son inquietos.

➠ Son impulsivos en sus acciones y lenguaje.

➠ Son excesivamente impacientes.

➠ Funcionan sólo en dos velocidades: totalmente despiertos o dormidos.

➠ Difícilmente se relajan y tranquilizan.

➠ Son intrusivos.

➠ Tienen dificultades para inhibirse.

Tercer subgrupo. Niños con inatención
e hiperactividad-impulsividad

El tercer subgrupo es una combinación de las características de los dos primeros subgrupos, es decir, son niños con problemas de inatención e hiperactividad-impulsividad.

Noticias importantes acerca del DAH

Se ha enfatizado que el DAH es más frecuente en hombres que en mujeres, pero es probable que no se haya prestado suficiente interés a esta alteración cuando aparece en ellas. Incluso hay estudios que demuestran que la frecuencia del defecto atencional es muy similar en ambos sexos.

Un factor que reduce el reconocimiento de DAH, especialmente en casos de hiperactividad, es el problema de comorbilidad (alteraciones asociadas). De hecho, existe una alta correlación entre DAH y otros trastornos psiquiátricos. Más de 50% de los sujetos diagnosticados con DAH también cumplen los criterios de algún trastorno psiquiátrico, por ejemplo, trastornos afectivos, ansiedad, problemas de aprendizaje, uso de drogas, problemas de conducta, etcétera. En adultos y adolescentes los trastornos asociados pueden ser más sobresalientes que el DAH.

Como casi todos los niños experimentan alguna vez los síntomas de DAH, el especialista tiene que distinguir si estos síntomas son mayores sustancialmente que en otras personas de la misma edad. La pregunta no es si tiene más síntomas sino si sufre de los síntomas en forma más intensa. En el diagnóstico es necesario distinguir si se trata de alteraciones crónicas y permanentes, o de alteraciones asociadas con alguna situación particular, como angustia, depresión, ansiedad o uso de drogas. En los adultos es importante observar aspectos tales como: la organización del presupuesto personal o del horario diario; la habilidad para mantener la atención en tareas cotidianas, como leer el periódico; la comunicación con los amigos y con la familia; y la habilidad para mantener un trabajo independiente.

> 66
> **Los síntomas de DAH en la infancia predicen dificultades significativas para funcionar adecuadamente como adultos. Por ejemplo, más de la mitad de los niños que sufrieron DAH presenta graves problemas interpersonales y alguna comorbilidad psiquiátrica cuando crecen.**
> 99

> **Estudios longitudinales muestran también que los síntomas de DAH predicen dificultades significativas para funcionar adecuadamente como adultos.**

Los estudios longitudinales indican que si se investiga a los niños durante un tiempo suficientemente largo –del orden de décadas–, se encuentra con cierta frecuencia que los síntomas de DAH no desaparecen totalmente. En general, la hiperactividad tiende a disminuir, pero la inatención persiste. Estos estudios longitudinales muestran también que los síntomas de DAH predicen dificultades significativas para funcionar adecuadamente como adultos. Por ejemplo, más de la mitad de los niños que sufrieron DAH presenta graves problemas interpersonales y alguna comorbilidad psiquiátrica cuando crecen.

Entre los síntomas frecuentemente reportados por los adultos con historia de DAH durante la infancia están las dificultades para concentrarse en un estímulo u objeto, cambiar el foco de atención y terminar las tareas. Estas dificultades se encuentran hasta en 92% de estas personas. Los componentes hiperactivos son menos frecuentes, e incluyen interrupción permanente de las tareas, dificultad para esperar turnos, e inquietud y movimiento excesivo. En general, los adolescentes tienen más problemas escolares y los adultos más conflictos laborales.

Se han identificado y clasificado cinco grupos de síntomas diferentes:

 Problemas con activación y organización para el trabajo: la persona presenta dificultades para organizarse y empezar a trabajar, así como para autoactivarse para las rutinas cotidianas;

¡NO SE DISTRAIGA, POR FAVOR!

por ejemplo, tiene una dificultad excesiva para iniciar trabajos de oficina o contactar personas.

➠ Dificultad para mantener o sostener la atención: la persona tiene problemas para mantener la atención en su trabajo. Constantemente sueña despierto o se distrae al escuchar o ver; por ejemplo, cuando lee, frecuentemente pierde la idea y necesita releer varias veces.

➠ Dificultad para mantener la energía y el esfuerzo. La persona tiene problemas para mantener o sostener la energía y el esfuerzo constantes en tareas del trabajo. Este tipo de persona es muy inconsistente en su producción y es necesario presionarla.

➠ Malhumor y sensibilidad a la crítica: la persona es irritable, con aparente falta de motivación, y sensible a la crítica, al grado de que lo resiente por mucho tiempo.

➠ Problemas de memoria: La persona se autoclasifica como olvidadiza. Si alguien le hace una pregunta, pero no le exige la respuesta inmediatamente, al rato él ya no se acordará ni siquiera de lo que le preguntaron.

¿Qué sucede en el cerebro?

Los trastornos de atención pueden surgir de tres tipos de alteraciones.

➠ Inhabilidad del cerebro para filtrar entradas sensoriales que compiten como señales y sonidos.

➠ Incapacidad para inhibir los impulsos motores a estas entradas.

➠ Insensibilidad para retroalimentarse de sus errores y anticiparse al resultado de los eventos. Por ejemplo, en un estudio que midió los tiempos de reacción en un grupo de niños con DAH, se encontró que fueron menos eficientes y mostraron incapacidad para prepararse y apretar una de varias teclas cuando se les daba una señal visual. Tampoco se monitorearon después de cometer errores en estas pruebas y, a diferencia de los niños sin problemas, no lograron mejorar su exactitud a pesar de la práctica.

Los estudios de neuroimagen –en los que se observa la actividad cerebral con técnicas como la tomografía por emisión de positrones– han encontrado que los niños con DAH tienen alteraciones en la corteza prefrontal, parte del cerebelo y ganglios basales. La corteza prefrontal derecha, y los ganglios basales, incluyendo el núcleo caudado y el globo pálido, así como el vermis del cerebelo, son más pequeños que en los niños normales (*véase ilustración 1*).

Estas áreas que están reducidas en tamaño son las que regulan la atención. La corteza prefrontal derecha está involucrada en monitorear nuestra conducta, resistir la distracción y desarrollar la conciencia de uno mismo y del tiempo. El núcleo caudado y el globo pálido ayudan a apagar las respuestas automáticas para que la corteza prefrontal haga una evaluación más cuidadosa y coordine la información que llega de varias regiones del cerebro. El papel de los vermis cerebelosos podría estar relacionado con regular la motivación.

Encogimiento de algunas estructuras cerebrales en personas con DAH

A pesar de que aún no se sabe la razón del encogimiento de algunas estructuras cerebrales en las personas con DAH, se dice que puede estar relacionado con mutaciones en varios genes que normalmente son

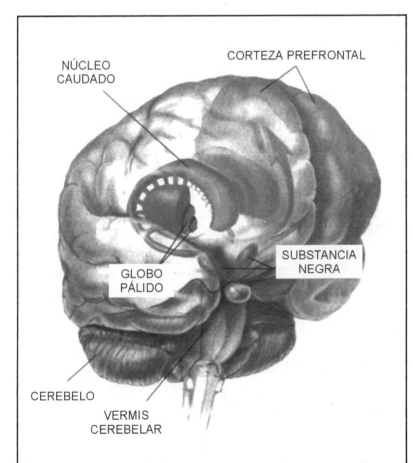

NÚCLEO CAUDADO

CORTEZA PREFRONTAL

GLOBO PÁLIDO

SUBSTANCIA NEGRA

CEREBELO

VERMIS CEREBELAR

LAS ESTRUCTURAS CEREBRALES QUE SE AFECTAN EN LOS DÉFICIT DE ATENCIÓN UTILIZAN DOPAMINA PARA COMUNICARSE (NÚCLEO CAUDADO, GLOBO PÁLIDO, SUBSTANCIA NEGRA Y CORTEZA PREFRONTAL) LOS ESTUDIOS GENÉTICOS SUGIEREN QUE LAS PERSONAS CON DÉFICIT DE ATENCIÓN, PUEDEN TENER ALTERACIONES EN LOS GENES QUE CODIFICAN LOS RECEPTORES DE DOPAMINA (D4) QUE RECIBEN LOS ESTÍMULADOS O LOS TRANSPORTADORES DE DOPAMINA QUE ELIMINAN EL EXCESO DE DOPAMINA PARA SU REUSO.

muy activos en la corteza prefrontal y en los ganglios basales. Se piensa que es un trastorno poligenético, es decir, en el que intervienen varios genes. Estudios familiares muestran que los hermanos de niños con DAH tienen de cinco a siete veces más probabilidades de desarrollar este síndrome que niños de familias no afectadas. Los hijos de padres con DAH tienen 50% de probabilidad de experimentar las mismas dificultades.

> **66**
> **Estudios familiares muestran que los hermanos de niños con DAH tienen de cinco a siete veces más probabilidades de desarrollar este síndrome que niños de familias no afectadas. Los hijos de padres con DAH tienen 50% de probabilidad de experimentar las mismas dificultades.**
> **99**

Los estudios en gemelos han encontrado que un niño cuyo gemelo idéntico padece este trastorno tiene entre 11 y 18 veces más riesgo de padecerlo que un hermano no gemelo. Entre 55 y 92% de gemelos idénticos eventualmente desarrollan esta condición. Estudios llevados a cabo en 526 gemelos idénticos (que heredan los mismos genes) y 389 gemelos fraternales (que no son genéticamente idénticos) han encontrado que 80% de las diferencias en atención, hiperactividad e impulsividad entre personas con DAH y personas sin el trastorno se puede explicar por factores genéticos.

Entre los factores no genéticos asociados con la prevalencia de DAH se encuentran: el nacimiento prematuro, el alcoholismo y tabaquismo materno, la exposición a altos niveles de plomo en la infancia y el daño cerebral, en especial aquellos que afectan la corteza pre-

frontal. Al contrario de lo que se piensa, el consumo de azúcar y la falta de educación y límites no contribuyen sustancialmente al desarrollo del verdadero síndrome de DAH.

Genes defectuosos y DAH

En apariencia, los genes dictan la forma en que el cerebro utiliza un importante neurotransmisor: la dopamina. La dopamina se secreta en partes específicas del cerebro para inhibir o modular la actividad de otras neuronas, en particular de aquellas involucradas en la emoción y el movimiento. Los trastornos de movimiento de la enfermedad de Parkinson, por ejemplo, son causados por la muerte de células que secretan dopamina en la substancia nigra. Existen diversos transportadores dopaminérgicos encargados de absorber la dopamina que no se usa, para reutilizarla después. Las mutaciones en los receptores dopaminérgicos pueden ocasionar que éstos sean menos sensibles a la dopamina e, inversamente, las mutaciones en los genes que transportan la dopamina pueden hacer que éstos la absorban demasiado rápido, antes de que pueda unirse al receptor de la otra neurona. En 1995 se descubrió que los niños con DAH tenían una variación en el gen que transporta la dopamina.

De los genes a la conducta

La maduración de los lóbulos frontales del cerebro continúa hasta la adolescencia. Las habilidades cognoscitivas y comportamentales relacionadas con los lóbulos frontales del cerebro se conocen como

"funciones ejecutivas". Es precisamente cuando se requiere hacer uso de estas funciones, que se manifiestan las dificultades cognoscitivas y comportamentales en la persona con DAH. Se ha definido al déficit atencional como un "desorden en el desarrollo de funciones ejecutivas en el cerebro": Este desorden se observa en niños pequeños que primero se muestran muy inquietos y posteriormente manifiestan problemas evidentes de atención. Los trastornos se presentan cuando hacemos una demanda intensa de estas funciones ejecutivas.

Las funciones ejecutivas se van complejizando con el tiempo. Aparece la habilidad de incrementar la capacidad de autocontrol basado en el control interno. Esta capacidad de autocontrol nos ayuda a manejar situaciones cognoscitivas y sociales más complejas.

Los trastornos atencionales se originan desde la infancia. En ocasiones, a estos niños se les puede calificar de indisciplinados, necios, perezosos y poco motivados. En los adultos se manifiesta como un conjunto amplio de síntomas crónicos relacionados con dificultades laborales, interpersonales y comportamentales.

El autocontrol –o capacidad para inhibir o retrasar las respuestas motoras y emocionales a una situación– es de suma importancia para la ejecución de cualquier tarea. Con la edad se incrementa la habilidad para involucrarse en actividades mentales, o funciones ejecutivas que les ayudan a inhibir distracciones, recordar metas y tomar los pasos necesarios para alcanzarlas.

Para lograr una meta en un trabajo es necesario recordar el objetivo y lo que se necesita para alcanzarlo, así como detener las emociones y automotivarse. Al menos que una persona pueda inhibir los impulsos y pensamientos que interfieran, ninguna de estas funciones puede llevarse a cabo con éxito.

¡NO SE DISTRAIGA, POR FAVOR!

En las etapas tempranas, las funciones ejecutivas se llevan a cabo externamente: los niños hablan para recordar una tarea o resolver un problema. Conforme los niños crecen, interiorizan o hacen más privadas estas funciones ejecutivas las cuales previenen que otros conozcan sus pensamientos. Los niños con DAH, al parecer, carecen de las restricciones necesarias para inhibir la ejecución pública de sus funciones ejecutivas.

Las funciones ejecutivas pueden agruparse en cuatro actividades mentales.

Conforme los niños crecen, interiorizan o hacen más privadas sus funciones ejecutivas, las cuales previenen que otros conozcan sus pensamientos. Los niños con DAH, al parecer, carecen de las restricciones necesarias para inhibir la ejecución pública de sus funciones ejecutivas.
99

Una es la operación de la memoria de trabajo (mantener información en la mente mientras trabaja sobre una tarea, aun si el estímulo original que aportaba la información ha desaparecido). Este recuerdo es crucial para la obtención de una meta. Aporta los medios para el análisis, preparación y habilidad para iniciar conductas complejas. Todo esto está afectado en DAH.

La interiorización del lenguaje autodirigido es otra función ejecutiva. Antes de los seis años de edad, los niños hablan en voz alta, recuerdan cómo ejecutar una tarea o cómo resolver un problema (por ejemplo, "¿dónde puse el libro?"). Este lenguaje externo progresivamente se interioriza y desaparece hacia los 10 años de edad. El lenguaje interno permite reflexionar acerca de uno mismo, seguir reglas e instrucciones, utilizar el autocuestionamiento para seguir reglas e instrucciones, como una forma de resolver problemas y construir meta reglas, (bases para comprender las reglas). En los niños con DAH la interiorización del lenguaje está retrasado.

Una tercera función ejecutiva es el control de la emoción, motivación y nivel de activación. Estos controles ayudan al individuo a alcanzar las metas permitiéndole retrasar o alterar reacciones emocionales potencialmente distractores y generar emociones y motivaciones privadas. Quien pueda retener sus pasiones inmediatas se puede comportar de manera más aceptable socialmente.

La cuarta función ejecutiva incluye dos procesos relacionados: separar las conductas observables y combinar las partes en una nueva acción que no estaba previamente aprendida. La capacidad de reconstrucción le suministra al humano un mayor grado de fluidez, flexibilidad y creatividad, permitiéndole al individuo dirigirse hacia una meta sin tener que aprender de memoria todos los pasos necesarios. Esta capacidad de reconstrucción es la que permite a los niños, a medida que maduran, dirigir su conducta a través de intervalos prolongados y combinar conductas en cadenas más largas para obtener una meta. Los niños con DAH son menos capaces de reconstruir.

>
> **La capacidad de reconstrucción le suministra al humano un mayor grado de fluidez, flexibilidad y creatividad, permitiéndole al individuo dirigirse hacia una meta sin tener que aprender de memoria todos los pasos necesarios.**

Al igual que sucede con el lenguaje, las otras funciones ejecutivas se interiorizan durante estadios típicos en la niñez. Esta privatización es esencial para crear un pensamiento verbal y una representación interna del mundo. A medida que maduran, los niños son capaces de comportarse interiormente, de enmascarar sus conductas y sentimientos ante los otros.

La inatención, la hiperactividad y las conductas impulsivas de los niños con DAH están relacionadas con una falla para seguir instrucciones internas y una incapacidad para contener o refrenar sus propias conductas inapropiadas.

¿Cómo se diagnostica el DAH?

En los últimos años, una cantidad creciente de adolescentes y adultos están buscando evaluaciones y tratamientos para su falta de atención. Son personas que tienen dificultades crónicas para mantenerse alertas o suficientemente concentrados cuando escuchan o leen, y también presentan dificultades permanentes en las relaciones interpersonales.

Cuando el DAH se observa como un trastorno disruptivo en los niños, el diagnóstico se hace generalmente con base en los informes de padres y maestros; también se utilizan cuestionarios para conocer el comportamiento del niño en la casa y en la escuela. El estudio de adolescentes y adultos ha identificado nuevos modelos en los que estos desórdenes emergen como un conjunto de alteraciones cognoscitivas que pueden estar o no estar acompañadas de conductas impulsivas e hiperactividad.

> **"**
> Los adultos que tienen DAH presentan algunos defectos cognoscitivos (particularmente en la ejecución de tareas que requieran atención), problemas psicosociales, dificultades académicas y un limitado avance vocacional. En ocasiones pueden tener problemas psiquiátricos y una incidencia alta de abuso de drogas.
> **"**

Los adultos y adolescentes con problemas de inatención tienen dificultades crónicas para iniciar tareas relacionadas con la escuela o el trabajo, mantener el esfuerzo para completar proyectos, organizar rutinas cotidianas y utilizar la memoria de trabajo. Se estima que cerca de 3 a 5 % de los niños en edad escolar presentan DAH y que alrededor de 30 a 50% de éstos continúan teniendo problemas cuando se convierten en adultos. Por tanto, se estima que 2 a 3% de la población adulta puede cumplir los criterios diagnósticos para DAH. Se sabe que los adultos que tienen DAH presentan algunos defectos cognoscitivos (particularmente en la ejecución de tareas que requieran atención), problemas psicosociales, dificultades académicas y un limitado avance vocacional. En ocasiones pueden tener problemas psiquiátricos y una incidencia alta de abuso de drogas.

El *Manual estadístico y diagnóstico de la Sociedad Americana de Psiquiatría*, en su última edición (DSM-IV), requiere seis de nueve síntomas de inatención y seis de nueve síntomas de hiperactividad-impulsividad para el diagnóstico de DAH. Debe existir, además, evidencia clara de alteraciones funcionales observables en diferentes ambientes, así como mostrar su inicio desde la infancia. El DAH no surge de repente a la edad de 30 años.

¡NO SE DISTRAIGA, POR FAVOR!

Guía para el diagnóstico psicológico del síndrome de trastorno atencional

1. Evaluación profesional.

2. Documentación actual y seguimiento.

3. Influencia del trastorno funcional anterior y actual en el funcionamiento cotidiano. Registro de actividades cotidianas.

4. Impacto del trastorno. Debe demostrarse con pruebas neuropsicológicas o psicoeducativas.

5. Exclusión de otras posibles causas.

6. Diagnóstico específico de acuerdo con criterios determinados.
7. Recomendaciones.

Tratamiento del DAH

Si el DAH es una falla en la inhibición de conductas, interiorización y control de las funciones ejecutivas, la existencia de ambientes estructurados será de gran beneficio. La creación de ambientes estructurados puede ser un importante complemento de la terapia farmacológica. El *Ritalin* ayuda a incrementar la capacidad para inhibir y regular conductas impulsivas. Este medicamento actúa inhibiendo al transportador de la dopamina, aumentando el tiempo en que la dopamina se une a los receptores de otras neuronas. Los niños con DAH que utilizan *Ritalin* son menos impulsivos, inquietos y distraídos, son capaces de recordar información importante, pueden ser más productivos académicamente, tener un mejor lenguaje interno y mayor autocontrol.

El entrenamiento a los padres y maestros en técnicas de manejo comportamental es muy importante. Estas técnicas ayudan a los niños en el aprendizaje de reglas sociales y a mejorar su capacidad para anticipar eventos. También las técnicas de verbalización (diálogo continuo, verbalización de las acciones, etcétera) han demostrado ser en particular útiles en el tratamiento de estos niños.

Trastornos de atención y concentración en nuestra vida cotidiana

Los síntomas del DAH son dimensionales y no categóricos. El DAH es parecido a la depresión: todos hemos tenido alguno de sus síntomas en ciertos momentos, pero se consideran anormales sólo cuando éstos son persistentes y agudos durante un periodo prolongado. Cuando se describen los síntomas del DAH casi todas las personas afirman que presentan al menos alguno de ellos, pero no en un grado excesivo. Esto se explica porque existen múltiples razones normales por las cuales las personas no prestan atención y no se concentran.

¿Con cuáles de estas situaciones te identificas?

➠ Tu mente divaga cuando debes concentrarte. El cerebro es capaz de comprender de 600 a 800 palabras por minuto cuando alguien habla. La persona promedio puede emitir 100 a 140 palabras por minuto, es fácil pensar en otra cosa con el tiempo que nos queda. Para la mayoría de nosotros, controlar la atención y concentrarse en lo que alguien habla requiere disciplina y práctica.

- **No te enseñaron a escuchar.** Regularmente, en la escuela se enfatizan otras habilidades, como la lectura, la escritura y el lenguaje oral.
- **No puedes manejar información cuando estás sobresaturado.** Cuando se recibe mucha información existen problemas para diferenciar lo que es relevante de lo que es insignificante. Si no contamos con estrategias adecuadas para discriminar la información sufriremos estrés y ansiedad ante un caudal de datos recibidos.

> **"**
> **Todos filtramos la información de acuerdo con nuestros gustos personales. Nuestros intereses, opiniones y prejuicios pueden disuadirnos de poner atención a otras personas con las que no concordamos.**
> **"**

- **Escuchas sólo lo que quieres oír.** Todos filtramos la información de acuerdo con nuestros gustos personales. Nuestros intereses, opiniones y prejuicios pueden disuadirnos de poner atención a otras personas con las que no concordamos.
- **No atiendes cuando estás cansado.** Factores fisiológicos, como la fatiga o problemas auditivos, dificultan la capacidad de atender.
- **Te distraes en lugares ruidosos o con temperaturas extremas.** Influencia de factores externos, tales como ruido, estímulos visuales, interrupciones e inclusive la temperatura, puede dificultar la capacidad de atención.

- No escuchas lo que no te interesa y motiva. Si no estamos interesados en algo no nos preocupamos por prestar atención, incluso si la información es importante.

- No pones atención a menos que tengas un plan o propósito claro. La falta de un propósito específico dificulta nuestra atención concentrada en un estímulo u objeto.

- No entiendes cuando estás preocupado. La preocupación con nuestro estado emocional afecta nuestra capacidad de atención.

Cómo mejorar la atención

La siguiente es una lista de sugerencias sencillas para incrementar tu capacidad de atención.

- Ahorra tiempo y esfuerzo. Es decir, administra mejor tus horarios y actividades.

- Evita situaciones emocionalmente perjudiciales.

- Incrementa la confianza en ti mismo.

- Ten tranquilidad psicológica. Las preocupaciones afectan negativamente la capacidad para atender.

- Logra las metas que te propongas, aunque éstas sean sencillas.

- Mejora la comprensión, autoevaluación y conocimiento de tus propias capacidades y limitaciones.

- Controla la distracción.

- Hazte preguntas significativas y que puedan tener una respuesta. En general, plantéate problemas claros.

Estrategias cognoscitivas para mejorar tu atención

➡ Acostúmbrate no sólo a hablar sino también a escuchar: Antes de entrar a una reunión o conferencia, comprométete conscientemente a prestar atención y concentrarte.

➡ Ignora las distracciones, ya sean internas o externas. Esfuérzate por poner atención, no te preocupes por lo que vas a comer o por las personas que están hablando a tu alrededor.

➡ Trata de anticipar (interiormente) lo que tu interlocutor va a decirte para mantener concentrada tu atención en él.

➡ Presta mucha atención a las claves del interlocutor, como la velocidad y volumen de su voz, la expresión facial, la postura de su cuerpo, y todo aquello que te ayude a clarificar el mensaje.

➡ De vez en cuando pregúntate cuáles son los puntos principales de lo que estás escuchando o viendo.

➡ Presta especial atención a la información que se repite. Si el interlocutor o expositor lo repite, probablemente es importante aprenderlo.

➡ Toma notas en las conferencias. El acto de escribir ayuda a visualizar lo que se necesita recordar y desarrolla tu memoria utilizando habilidades motoras. Estas notas te permitirán revisar posteriormente la información recibida.

➡ Planea hacer un reporte de la información, para compartirlo después con otra persona. Esto te dará una motivación extra para prestar atención.

➡ Desarrolla una actitud oportunista. Aunque lo que escuches o veas no sea de tu interés, trata de identificar y prestar atención a los datos más relevantes.

- Busca información compleja. Comprender conceptos difíciles hace que la información obtenida tenga un mayor significado.
- Escucha de manera activa. Intenta retroalimentar la plática de tu interlocutor con aclaraciones, preguntas y aportaciones acerca de lo que él dice.
- Usa tu imaginación para crear imágenes mentales de la información que estás recibiendo.
- Observa con cuidado, atiende a todos los detalles de la situación, esto te ayudará a retener toda la experiencia.
- Recuerda que, en promedio, una persona sólo puede emitir de 100 a 140 palabras por minuto, mientras que el cerebro es capaz de comprender de 600 a 800 palabras en ese mismo periodo. Aprovecha esta ventaja que te da del tiempo que pasa entre lo que el orador está diciendo y cuánta información puede absorber tu cerebro y utiliza el tiempo extra para hacer un resumen anticipado de los datos que recibes.
- No te predispongas, trata de controlar tus emociones al recibir información. Los propios intereses, opiniones y prejuicios pueden influir determinantemente en nuestra capacidad de atención y evitar que escuchemos.
- Siempre que sea posible, practica estas estrategias para mejorar tu atención.

Para aumentar tu comprensión durante la lectura de un libro o al escuchar una conferencia

- Siempre considera que leer o escuchar eficientemente es una búsqueda de ideas, pensamientos y respuestas.

¡NO SE DISTRAIGA, POR FAVOR!

➠ Tu actitud debe ser activa durante la lectura de un libro o al escuchar una conferencia. Si sólo lees y escuchas pasivamente, nunca comprenderás.

➠ Practica los siguientes consejos para desarrollar una actitud activa.

➠ Antes de leer formalmente un libro, haz una prelectura. Lee el título general y el de sus capítulos, secciones y apartados; revisa el índice de contenido; de ser posible, lee el primero y el último párrafo de cada capítulo. Esto te permitirá identificar la idea o ideas principales de la obra y a realizar la lectura total con mayor atención.

➠ Antes de asistir a una conferencia, investiga acerca del conferenciante y del tema que desarrollará. Busca información relacionada con la conferencia en diccionarios, enciclopedias, periódicos, revistas o platica con personas que conozcan acerca del tema. Escribe las preguntas que esperas resolver con la información de la conferencia. Esto te permitirá escuchar con mayor atención.

➠ ¿La concentración es la atención exclusiva en un objeto o sujeto? ¿Cómo lo hacemos? ¿Tenemos que involucrarnos? ¿Cómo nos involucramos? Haz preguntas, siempre; esto te inducirá a pensar. Busca respuestas a preguntas específicas.

Sugerencias para involucrarse con el material informativo

Cuando leas material informativo, lee para encontrar preguntas específicas. Leer es una búsqueda de información o conocimiento. Al leer estás buscado respuestas a preguntas.

Antes de leer, pregúntate exactamente qué quieres que te conteste el artículo, reporte, libro, revista o periódico. Haz una lista de tus cuestionamientos y añade –si es que no lo haz hecho ya– las siguientes preguntas clave: ¿quién?, ¿qué?, ¿cómo?, ¿dónde?, ¿cuándo? y ¿por qué?

Por ejemplo, si estás leyendo una nota periodística acerca del plan para liberar Kosovo, hazte las preguntas: ¿cuál es el plan?, ¿qué acciones incluirá?, ¿cómo se desarrollará?, dónde se llevará a cabo?, ¿cuándo comenzará?, ¿por qué se realizará?, además de otras como:¿quién es el autor?, ¿cuánto tiempo durará?, ¿cuáles son sus oportunidades de éxito?, etcétera.

Estas preguntas automáticamente te involucrarán con el material, y harán que no te distraigas. Lee cada oración pensando si das respuesta a sus preguntas. Si encuentras una respuesta, detente y léela cuidadosamente hasta asegurarte de que has entendido. Puedes involucrarte más con el tema si decides subrayar esta "respuesta". Continúa leyendo todo el texto hasta satisfacer tus dudas.

RALE, una palabra de ayuda para activar la atención

RALE es una palabra mnemotécnica que puede ayudarte a tener una actitud activa al leer o escuchar. RALE son las iniciales de "Resumir", "Anticiparse", "Leer entre líneas" y "Evaluar", es decir, cuatro reglas básicas para activar nuestra atención.

R Resumir. Haz un resumen rápido de lo que el autor ha escrito o de lo que el conferenciante ha dicho.

A Anticiparse. Con base en lo que has leído o escuchado, trata de imaginarte lo que leerás o escucharás posteriormente.

¡NO SE DISTRAIGA, POR FAVOR!

L Leer entre líneas. Trata de encontrar más información en las líneas del texto o del discurso. En el caso de un mensaje escrito, identifica estilo, época, corriente ideológica, tono de la narración, etcétera. Si se trata de un mensaje hablado, identifica la entonación y ritmo de la voz, los ademanes y gestos del hablante, el énfasis de su discurso, etcétera.

E Evaluar. Valora el contenido de lo que lees o escuchas. Pregúntate si la información es completa, lógica, veraz... o, simplemente, cuestiónate si estás o no estás de acuerdo con ella.

Si practicas estas cuatro reglas básicas evitarás que tu mente divague, y te mantendrás constante y exclusivamente concentrado en las palabras y en los pensamientos del orador o del texto. Sin duda, esto te ayudara a obtener el significado y contenido de cualquier material escrito, conferencia o conversación.

Sólo se olvida lo que no deja huella

Recuerda siempre que la atención es un proceso necesario para poder llevar a cabo una gran variedad de actividades mentales, incluyendo memorizar, comprender el lenguaje oral y escrito y resolver problemas intelectuales. Un objeto atendido permanecerá en nuestra memoria; aquello a lo que no le prestemos atención nunca dejará huella en nosotros.

Y tú... ¿qué tan inteligente eres?

CAPITULO 4

LA NATURALEZA DE LA INTELIGENCIA

La inteligencia es y ha sido siempre un tema altamente polémico en psicología. Las discusiones se han centrado alrededor de dos puntos principales:

1. La contribución de los factores culturales, medioambientales y educacionales a la inteligencia.
2. La existencia de una forma general de inteligencia, o por el contrario, de diversas habilidades intelectuales, no necesariamente correlacionadas entre sí.

Lo más probable, de acuerdo con el nivel actual de conocimientos, es que cada medio cultural estimule el desarrollo de ciertas habilidades intelectuales. Más aún, lo que miden las pruebas actuales de inteligencia en gran medida refleja los aprendizajes de nuestro sistema escolar. Además, hoy en día, parece claro que existen diversas habilidades intelectuales independientes y diversas formas de ser inteligente.

La inteligencia es un concepto que puede ser fácil de comprender, pero difícil de definir. La palabra inteligencia se deriva del latín *intelligentia*, que quiere decir "escoger entre" o "hacer elecciones sabias". Estos significados literales de la palabra inteligencia son

naturalmente muy vagos. ¿Cómo podemos determinar si un individuo ha realizado una elección sabia, acertada, y juiciosa? ¿Acaso son capaces los psicólogos de desarrollar una definición precisa para la inteligencia?

Se han propuesto muchas y muy diversas definiciones de inteligencia. Incluso en 1921 se realizó un simposio de expertos en el área, quienes propusieron, entre otras, las siguientes definiciones:

➠ La habilidad para pensar en forma abstracta.

➠ La habilidad para dar respuestas verdaderas o de hecho.

➠ La habilidad para aprender de uno mismo y ajustarse al medio ambiente.

➠ La habilidad para adaptarse a nuevas situaciones, lo que refleja la modificabilidad general del sistema nervioso.

➠ La capacidad para adquirir nuevas habilidades a través de un conjunto de procesos mentales complejos, tradicionalmente definidos como sensación, percepción, asociación, memoria, imaginación, discriminación, juicio y razonamiento.

> **66**
> La inteligencia es un concepto que puede ser fácil de comprender, pero difícil de definir. La palabra inteligencia se deriva del latín *intelligentia*, que quiere decir "escoger entre" o "hacer elecciones sabias".
> **99**

David Wechsler, autor de la escala de inteligencia más utilizada y conocida en toda la historia, definió la inteligencia como: "La suma o capacidad global de un individuo para actuar con propósito, pensar racionalmente y adaptarse efectivamente a su medio ambiente". Esta definición es una que con frecuencia continúa siendo utilizada por muchos expertos en el área.

Las definiciones actuales de inteligencia se pueden dividir en tres categorías principales:

1. Las definiciones que enfatizan el ajuste o adaptación del individuo a su medio ambiente (concepto funcional de inteligencia).
2. Las definiciones que subrayan la capacidad individual para aprender.
3. Las definiciones que enfatizan la capacidad para pensar en forma abstracta.

Es muy importante considerar qué piensan las personas en general sobre la inteligencia. En realidad, todos tenemos algún concepto de lo que es, aunque no seamos capaces de definirla con exactitud.

Recientemente se efectuó un estudio con jóvenes (entre 22 y 40 años), personas de edad media (entre 41 y 59 años) y ancianos (entre 60 y 85 años). A todos ellos se les pidió que eligieran entre 55 características –tales como curiosidad, actuar en forma responsable, tener un buen vocabulario, etcétera–, una que consideraran como más representativa de una inteligencia sobresaliente a los 30, 50 y 70 años de edad.

En general, los participantes de los tres grupos de edad consideraron que la inteligencia se caracterizaba por tres dimensiones independientes:

1. Habilidad para enfrentar y manejar lo nuevo.
2. Competencia en las actividades de la vida cotidiana.
3. Habilidad verbal.

Se estableció que la competencia en las actividades de la vida cotidiana y la habilidad verbal se consideran más representativas de los 50 a 70 años de edad, mientras que la habilidad para manejar lo nuevo sobresalía a los 30 años. Todos los participantes, independientemente del grupo de edad al que pertenecían, consideraron que un individuo puede volverse más inteligente como consecuencia de sus experiencias, el entrenamiento y la práctica; y menos inteligentes debido a la falta de estimulación y a diversas enfermedades.

Curiosamente, la percepción de la inteligencia cambia con la edad. Los niños piensan que la inteligencia consiste tanto en características físicas como en la forma en la que se manejan tareas específicas; por tanto, señalan que Superman o Hércules son muy inteligentes. En cambio, los adultos ven la inteligencia como una constelación amplia de conductas que reflejan soluciones a los problemas prácticos, habilidades verbales y competencia social.

> **La percepción de la inteligencia cambia con la edad. Los niños piensan que la inteligencia consiste tanto en características físicas como en la forma en la que se manejan tareas específicas; por tanto, señalan que Superman o Hércules son muy inteligentes. En cambio, los adultos ven la inteligencia como una constelación amplia de conductas que reflejan soluciones a los problemas prácticos, habilidades verbales y competencia social.**

Dimensión implícita y explícita de la inteligencia

Las teorías implícitas de la inteligencia se refieren a las creencias del sentido común acerca de ésta y cómo se desarrolla. Las teorías explícitas están relacionadas con nociones formalizadas psicométricas acerca de qué es la inteligencia y cómo puede medirse. Las aproximaciones implícitas enfatizan los aspectos prácticos y sociales, tales como entender situaciones, admitir errores, determinar cómo lograr una meta etcétera. Estas habilidades no se miden en pruebas formales de inteligencia. La inteligencia práctica es, entonces, la capacidad para resolver problemas cotidianos y solucionar conflictos interpersonales entre miembros familiares, amigos y trabajadores. Esta habilidad para solucionar situaciones de la vida diaria se denomina con frecuencia como inteligencia funcional.

Por otra parte, lo que se ha llamado "inteligencia emocional" incluye la autoconciencia, el control de los impulsos, la persistencia, la motivación, la empatía y la habilidad social. Implica la destreza que tenemos para utilizar apropiadamente nuestras capacidades.

Aproximación psicométrica al estudio de la inteligencia

El término "psicometría" literalmente significa "la medición de la mente". En forma más específica, la psicometría construye y valida diversos test o pruebas que miden un número de características y habilidades del individuo. El mayor énfasis de la investigación psicométrica ha sido en la medición de la inteligencia humana.

Charles Spearman, psicólogo inglés de la primera parte del siglo XX, argumentó que la inteligencia consistía primariamente en una habilidad intelectual general que el individuo podía aplicar a cualquier tarea. Spearman llamó a esta habilidad unitaria el factor G (G por capacidad general). Spearman asumió que este factor G era un factor incluido comúnmente en todas las pruebas de medición intelectual. La noción de que la inteligencia se puede conceptualizar como una habilidad general y unitaria también fue apoyada por Alfred Binet. Binet fue un psicólogo francés que desarrolló en 1906 los primeros test

Lo que se ha llamado "inteligencia emocional" incluye la autoconciencia, el control de los impulsos, la persistencia, la motivación, la empatía y la habilidad social.

o pruebas de inteligencia. Probablemente, en la actualidad Spearman y Binet conceptualizarían la inteligencia como un programa general y abstracto de una computadora. Este programa sería tan general que podría aplicarse, con el mismo grado de éxito, a la solución de cualquier problema.

Otros psicólogos han sugerido que la inteligencia consiste en habilidades intelectuales separadas e independientes. Esta posición fue propuesta inicialmente en 1938 por Thurnstone, quien sugirió que existe un número pequeño de "habilidades mentales primarias". Éstas incluyen: comprensión y fluidez verbal, habilidades numéricas y espaciales, memoria asociativa, rapidez perceptual e inducción.

Partiendo de este concepto de inteligencia como una multiplicidad de habilidades intelectuales, Schaie desarrolló en 1985 una prueba de inteligencia basada en las investigaciones de Thurnstone. Para usar la analogía de la computadora, Thurnstone y Schaie propondrían que la inteligencia consiste en un número separado de programas de computadora especializados; cada programa estaría diseñado para resolver una tarea específica. Algunos psicólogos han propuesto la existencia de una multiplicidad de habilidades mentales diferentes. Guildford, un psicólogo estadounidense, llegó a mencionar hasta 120 componentes de la inteligencia.

> **66**
> **La inteligencia cristalizada se mantiene a través de los años y refleja los efectos acumulativos de la experiencia y la educación, en tanto que la inteligencia fluida se afecta con la edad porque existe una reducción gradual de los mecanismos fisiológicos y neurológicos necesarios para el funcionamiento intelectual básico.**
> **99**

La distinción entre "inteligencia cristalizada" e "inteligencia fluida", propuesta por Cattell, otro psicólogo estadounidense, es utilizada con frecuencia y ampliamente aceptada. La inteligencia cristalizada representa el grado en el que un individuo ha incorporado el conocimiento valorado por su cultura. Se puede medir mediante un inventario de conductas que reflejan el conocimiento y la experiencia propias de su cultura, tales como: la comprensión del lenguaje y el desarrollo de juicio, comprensión y pensamiento en las actividades de la vida diaria. Algunas de las habilidades mentales primarias asociadas con la inteligencia cristalizada son: la comprensión verbal, la formación de conceptos y el razonamiento lógico. Las pruebas que se utilizan para medirla incluyen:

vocabulario, conocimientos generales, analogías, asociaciones remotas y juicio social.

Por otra parte, la inteligencia fluida representa la habilidad de un individuo para percibir, recordar y pensar acerca de una amplia variedad de información básica; en otras palabras, involucra habilidades mentales que no son impartidas por la cultura. Entre ellas se incluyen la habilidad para reconocer relaciones entre patrones, hacer inferencia de relaciones, habilidades espaciales, y la rapidez perceptual. La inteligencia fluida se mide con tareas tales como: series de letras, matrices, ensamblaje de rompecabezas y orientación espacial. Se ha sugerido que la inteligencia fluida representa la integridad del sistema nervioso central.

La inteligencia cristalizada se mantiene a través de los años y refleja los efectos acumulativos de la experiencia y la educación, en tanto que la inteligencia fluida se afecta con la edad porque existe una reducción gradual de los mecanismos fisiológicos y neurológicos necesarios para el funcionamiento intelectual básico.

Medición de la inteligencia

Una cosa es desarrollar una teoría de la inteligencia y otra bien diferente es desarrollar una prueba confiable y válida para medirla. Para desarrollar una prueba de inteligencia es necesario considerar los siguientes puntos.

➠ La inteligencia no existe como una entidad física. Es un concepto hipotético más que una entidad real. No es posible entrar al cerebro y ver cuánta inteligencia hay almacenada. Esto significa

que las pruebas psicológicas tienen que medir la inteligencia indirectamente, con el examen de la ejecución en tareas que dependen de la generación y aplicación de una conducta inteligente.

➠ La ejecución en pruebas de inteligencia considera diversos factores relacionados con ésta, como: características de personalidad, motivación, antecedentes educativos, ansiedad y fatiga.

➠ Es necesario presentar una gran variedad de tareas, ya que la inteligencia incluye un número amplio de habilidades diferentes. Por esto las pruebas actuales de inteligencia consideran diferentes escalas o minipruebas o subtest. Por ejemplo, la Escala de Inteligencia de Wechsler para Adultos (WAIS) consiste en 11 subtest. Seis de ellos integran una escala verbal (información general, vocabulario, semejanzas, retención de dígitos, aritmética y comprensión) con un importante componente lingüístico. Las pruebas de la llamada escala ejecutiva o escala no verbal incluyen: reconocimiento de los detalles que le faltan a una figura, ensamble de objetos (rompecabezas), diseño con cubos, ordenamiento de historias, y sustitución de dígitos por un símbolo. La persona requiere de una respuesta no verbal en la ejecución de estas tareas (por ejemplo, arreglar una historieta en secuencia para lograr una historia coherente). Sin embargo, estas 11 subpruebas son francamente insuficientes para medir toda la gama existente de habilidades intelectuales.

Para determinar si varias pruebas de inteligencia están midiendo un factor único o diversas habilidades especiales, los investigadores desarrollaron una técnica matemática llamada análisis factorial (procedimiento estadístico que examina cómo se correlacionan entre sí los resultados en diferentes pruebas). Utilizando este tipo de análisis, los psicólogos han concluido que existen diferentes habilidades mentales.

Se nace siendo inteligente o la inteligencia se desarrolla

La inteligencia es como el juego del póker. No todo el mundo tiene la misma dotación genética ni los jugadores poseen idénticas cartas. En un principio unos tienen más capacidades o mejores cartas que otros, pero dependiendo de cómo las utilicen alcanzarán unos objetivos u otros o ganarán o perderán la partida. Y es que cuando el potencial genético de una persona entra dentro de los márgenes de lo que se considera salud mental, los recursos son múltiples y pueden manejarse de infinidad de maneras. El secreto está en aprender a utilizar todo aquello que se posee, resulta que no siempre quien está mejor dotado tiene más éxito en la vida.

> 66
> La inteligencia es como el juego del póker. No todo el mundo tiene la misma dotación genética ni los jugadores poseen idénticas cartas.
> 99

Nacemos con 100 mil millones de neuronas y durante el primer año de vida se establecen en el cerebro trillones de conexiones entre éstas. Cuando nacemos, algunas de las neuronas ya se encuentran conectadas entre sí. Pero existe un gran número de circuitos y sistemas de conexiones que sólo se establecen más tarde. El medio ambiente y la estimulación desarrollan el establecimiento de las conexiones. Durante el desarrollo, existen periodos decisivos para el establecimiento de nuevas conexiones en el sistema nervioso.

Las habilidades intelectuales tienden a progresar con el transcurso de los años. Las habilidades fluidas (como solucionar problemas novedosos y ensamblar figuras) logran su máximo alrededor de los 15 a

30 años de edad, en tanto que las habilidades cristalizadas (tales como los conocimientos generales y el vocabulario) continúan progresando hasta la década de los sesenta años en promedio. Igualmente, la rapidez en la ejecución de pruebas intelectuales tiende a disminuir desde la década de los 30 años. Esta velocidad en la ejecución de pruebas intelectuales de hecho se considera como uno de los elementos centrales de la inteligencia fluida. Se dice que el joven sabe menos pero aprende más, en tanto que el viejo aprende menos pero sabe más.

¿En qué eres inteligente? Cómo estimular y fomentar tu desarrollo de la inteligencia

Según el psicólogo Howard Gardner existen diferentes formas básicas de inteligencia. Éstas son válidas para todas las culturas y todos los momentos históricos. De acuerdo con Gardner, las pruebas de inteligencia no deberían preguntar "¿qué tan inteligente eres?", sino "¿en qué eres inteligente?". Conocer en qué somos más hábiles es decisivo para el éxito, entre más utilicemos y estimulemos nuestros talentos naturales, más adaptados nos sentiremos. En el aspecto educativo, debemos reconocer la inteligencia única y característica de los estudiantes.

Gardner propone que existen ocho tipos de inteligencias (y posiblemente una novena), cada una relacionada con la actividad de ciertas áreas del cerebro. Estas distintas formas de inteligencia son:

1. Inteligencia verbal-lingüística.
2. Inteligencia lógico-matemática.
3. Inteligencia espacial.
4. Inteligencia musical.

5. Inteligencia corporal-quinestésica.
6. Inteligencia interpersonal.
7. Inteligencia intrapersonal.
8. Inteligencia naturalista.
9. Inteligencia espiritual (recientemente postulada).

> **"**
> **Individuos excepcionales**
> **o prodigios o los llamados**
> ***idiot-savant***
> **(idiotas-sabios)**
> **pueden exhibir una**
> **ejecución extraordinaria**
> **en una forma de**
> **inteligencia,**
> **pero moderada o pobre**
> **en otras.**
> **"**

Cada una de estas inteligencias utiliza un sistema simbólico diferente por medio del cual los individuos representan o estructuran su experiencia. Por ejemplo, la experiencia puede simbolizarse con palabras, relaciones lógico-numéricas, imágenes visuales, tonos, ritmos o frecuencias, movimientos corporales, etcétera. Sólo las tres primeras formas de inteligencia estarían medidas en las pruebas tradicionales de inteligencia e incluidas en el coeficiente intelectual (CI).

Los criterios propuestos por Gardner para suponer la existencia de tipos específicos de inteligencias son:

➡ Cada inteligencia puede representarse independientemente en el cerebro y se altera como consecuencia de un daño localizado en áreas específicas.

➡ Individuos excepcionales o prodigios o los llamados *idiot-savant* (idiotas-sabios) pueden exhibir una ejecución extraordinaria en una forma de inteligencia, pero moderada o pobre en otras.

➡ Cada inteligencia tiene un desarrollo único.

➠ Cada inteligencia consiste en un conjunto de operaciones que se activan automáticamente por experiencias o tipos particulares de información.

➠ Cada inteligencia tiene una historia evolutiva particular.

➠ La existencia de cada inteligencia puede demostrarse por experimentos de laboratorio e investigación psicométrica.

➠ Cada inteligencia posee un sistema simbólico único.

Inteligencia verbal-lingüística

Capacidades involucradas en la inteligencia verbal-lingüística: comprensión del significado de las palabras y de las oraciones (orden de las palabras), riqueza de vocabulario. Se manifiesta en actividades tales como: conversar con alguien acerca de cómo realizar cierta actividad, explicar algo, aprender una historia, entender el humor de un chiste, memorizar un nombre, y también a través del análisis metalingüístico (análisis del lenguaje).

Esta forma de inteligencia se estimula por medio del lenguaje oral (hablar con una persona y utilizar el lenguaje en general), o de leer las ideas, historias o poesías de otros; o de escribir las propias ideas, pensamientos o poesías; o también por diversos tipos de humor, como jugar con palabras, crucigramas, y doble significado del lenguaje. Las áreas del cerebro que participan en esta forma de inteligencia incluyen las zonas temporales del hemisferio izquierdo.

Esta forma de inteligencia se desarrolla por medio del balbuceo, el aprendizaje de palabras, las combinaciones de sonidos y la lectura. Incluye la escritura creativa, inventar historias, creación y apreciación de poesía, debate oral, uso y utilización de lenguaje figurativo, conversación metalingüística.

Las personas con una alta inteligencia verbal prefieren actividades profesionales tales como la literatura, el periodismo y el derecho. Pueden ser novelistas, oradores, poetas, y locutores. Los grandes escritores, como Octavio Paz, Gabriel García Márquez o T.S. Elliot, poseen una alta inteligencia verbal y un gran manejo del lenguaje.

Inteligencia lógico-matemática

La inteligencia lógico-matemática incluye el reconocimiento de patrones abstractos, razonamiento inductivo y deductivo, habilidad para encontrar relaciones, ejecutar cálculos complejos y llevar a cabo un razonamiento científico. Este tipo de inteligencia se utiliza en situaciones que requieran solucionar problemas numéricos, así como situaciones que demanden reconocimiento de relaciones abstractas

Ciertas áreas cerebrales se activan durante la solución de problemas lógico-matemáticos. La habilidad para leer y reproducir

> **66**
> **La habilidad para leer y reproducir signos matemáticos, así como la capacidad para comprender conceptos numéricos se relacionan con la actividad del hemisferio izquierdo.**
> **99**

signos matemáticos, así como la capacidad para comprender conceptos numéricos se relacionan con la actividad del hemisferio izquierdo. Durante la planeación de soluciones a los problemas numéricos se activan considerablemente los lóbulos parietales y frontales del cerebro. Las áreas frontales son necesarias para la comprensión de relaciones abstractas y para la organización de estrategias numéricas.

Esta forma de inteligencia se refuerza por medio de: la utilización de patrones variados de pensamiento (predicción, razonamientos inductivo y deductivo), el trabajar con lenguajes simbólicos, la solución de problemas complejos y el aprendizaje de patrones numéricos. En el niño, la inteligencia lógico-numérica se desarrolla por medio de la manipulación de objetos; el reconocimiento de abstracción simple, números y patrones; y las estrategias de pensamiento causa-efecto. Su desarrollo posterior se logra por medio de la ejecución de las operaciones aritméticas básicas (suma, resta, multiplicación, división), la solución de problemas numéricos, la comprensión de procesos matemáticos, el desarrollo de pensamiento crítico y las abstracciones complejas (símbolos matemáticos). Existen habilidades matemáticas de un orden superior que incluyen el álgebra, la geometría, la trigonometría y la física.

Las actividades profesionales más apropiadas para personas con una alta inteligencia lógico-matemática incluyen la investigación científica, las finanzas, la contaduría, la programación de computadoras y la ingeniería.

Un excelente ejemplo de un gran científico con una alta inteligencia lógico-matemática es el físico alemán Albert Einstein. Él modificó en su momento los conceptos establecidos sobre el tiempo, el espacio y la luz, y creó toda una nueva interpretación del mundo físico y del universo.

Inteligencia espacial

La inteligencia espacial involucra la imaginación activa, la orientación en el espacio, la manipulación de imágenes, la representación gráfica, el reconocimiento de la relación de los objetos en

el espacio y la percepción de ángulos diferentes. Implica una imaginación activa y vívida de la realidad.

Se desarrolla a través de la presentación de formas, diseños, colores, figuras, pinturas y, en general, imágenes visuales. La inteligencia espacial se relaciona con la actividad del lóbulo parietal derecho y los lóbulos occipitales.

La inteligencia espacial se refuerza con la imaginación activa de objetos y cosas fantásticas, la utilización de medios visuales, como pinturas y cuadros, así como la utilización de mapas, dibujos de patrones y rompecabezas.

> **"**
> **La inteligencia espacial se refuerza con la imaginación activa de objetos y cosas fantásticas, la utilización de medios visuales, como pinturas y cuadros, así como la utilización de mapas, dibujos de patrones y rompecabezas.**
> **"**

El desarrollo de esta forma de inteligencia comienza con la exploración sensoriomotora del mundo físico, la discriminación de colores, formas, dibujos sencillos y el desplazamiento en el espacio.

La inteligencia espacial incluye aspectos complejos de la percepción como: el reconocimiento de profundidad espacial, el dibujar, la reproducción de escenas, el uso de la imaginación activa, la descentración (ver desde perspectivas diferentes), y la comprensión de relaciones espaciales.

Personas con una alta inteligencia espacial suelen tener una vocación singular para la arquitectura, el diseño gráfico y el arte en general. Frecuentemente se trata de personas creativas; por ejemplo, Pablo Picasso, quien realizó contribuciones importantes a la pintura universal.

Inteligencia musical

La inteligencia musical implica una capacidad para la apreciación de la estructura de la música, los esquemas o marcos mentales necesarios para oír música, la sensibilidad a los sonidos, el reconocimiento, creación y reproducción de melodías y ritmos, así como la habilidad para percibir las características de los ritmos y tonos melódicos.

> **66**
> **Las habilidades musicales se fortalecen mediante escuchar música y otros sonidos, expresar sentimientos a través de tonos, vibraciones, crear canciones para comunicar pensamientos y utilizar música, canto y ritmo para alterar el estado de ánimo.**
> **99**

La inteligencia musical se refuerza con los efectos de la resonancia y la vibración de la música y del ritmo en el cerebro, incluyendo aspectos como la voz humana, los sonidos naturales, los instrumentos musicales de percusión y otros sonidos producidos por los humanos.

Hay una serie compleja de procesos cerebrales que participa en la inteligencia musical. La música es procesada por los lóbulos temporales del cerebro, en particular el lóbulo temporal derecho. El reconocimiento musical implica no sólo un procesamiento sintético de estímulos auditivos, sino también el análisis de los elementos melódicos de la música y la comprensión del ritmo. Se sabe que la música es capaz de modular las ondas cerebrales y puede inducir cierta actividad eléctrica específica en el cerebro.

Las habilidades musicales se fortalecen mediante escuchar música y otros sonidos, expresar sentimientos a través de tonos, vibraciones,

130

crear canciones para comunicar pensamientos y utilizar música, canto y ritmo para alterar el estado de ánimo.

El desarrollo de las habilidades musicales se inicia muy temprano en el niño con los arrullos maternos. Existen en todas partes canciones propias para bebés (canciones de cuna) y melodías infantiles. Los niños se tranquilizan con la música y muestran agrado ante el sonido de diversos instrumentos musicales.

El desarrollo más complejo de las habilidades musicales implica la producción de melodías y canciones, la generación de ritmos, la lectura musical, la capacidad para disfrutar diferentes tipos de música y el perfeccionamiento de técnicas musicales. El desarrollo superior de la inteligencia musical supone la composición y ejecución musical, la comprensión básica de la teoría musical, el uso de símbolos musicales y la apreciación de melodías.

Las profesiones adecuadas para las personas con una alta inteligencia musical incluyen, naturalmente, la música (pianista, guitarrista, etcétera), el canto, el teatro, y otras artes. Hay muchos ejemplos de inteligencias musicales sobresalientes en la historia, como son Liszt, Mozart, Chopin, Stravinsky y Pérez-Prado.

Inteligencia corporal-quinestésica

La inteligencia corporal-quinestésica incluye el control de los movimientos voluntarios, los movimientos automáticos preprogramados, la expansión de sentimientos por medio del cuerpo, y las habilidades para la imitación corporal.

Esta forma de inteligencia se fortalece mediante los movimiento físicos, incluyendo los deportes, la danza y los ejercicios físicos de cualquier tipo, así como por medio de la expresión individual que utilice movimientos corporales (teatro, mímica, etcétera).

Existen áreas cerebrales especializadas en el control de los movimientos: áreas motoras y promotoras de la corteza cerebral, ganglios de la base del cerebro y cerebelo. Todas ellas actúan coordinadamente para lograr una expresión motora óptima. La inteligencia corporal-quinestésica se fortalece por medio de ejercicios físicos y movimientos corporales, los juegos, el drama y el deporte.

El desarrollo corporal-quinestésico se inicia con los reflejos automáticos (por ejemplo, la succión). Las habilidades motoras básicas incluyen voltearse, gatear, sostener, sentarse y caminar. Con estas actividades básicas, el niño progresivamente gana independencia física y comienza a realizar acciones orientadas a una meta. El desarrollo más complejo incluye la expresión corporal y gestual, el ejercicio físico, los juegos, las danzas culturales y folclóricas, y los deportes. Su expresión más compleja se observa en el patinaje, la gimnasia, el ballet, las artes dramáticas y los deportes de contacto.

Desde el punto de vista vocacional, las personas con una alta inteligencia corporal-quinestésica triunfan en actividades tales como el atletismo y la actuación dramática. Pueden ser mimos, instructores de educación física, bailarines profesionales y deportistas.

Hay muchos ejemplos de personas con una muy alta inteligencia corporal- quinestésica, como son el futbolista "Pelé", la bailarina Marta Graham o la tenista Martina Navratilova.

Inteligencia interpersonal o social

Se relaciona con la capacidad para la comunicación afectiva verbal y no verbal. Las personas con una alta inteligencia interpersonal o social son sensibles a los estados de ánimo de otros y pueden con pro-

piedad expresar sus motivaciones y sentimientos. Son personas que trabajan cómodamente en grupo y tienen la habilidad para discernir las intenciones que subyacen con las expresiones y conductas de otros.

Este tipo de inteligencia se estimula mediante actividades que impliquen encuentros personales, donde sean de gran importancia aspectos como la comunicación efectiva, el trabajo colectivo para alcanzar una meta común, y la búsqueda de diferencias entre personas.

Las habilidades sociales han sido relacionadas con ciertas áreas del cerebro, en particular con los lóbulos frontales, sobre todo el derecho. Los lóbulos frontales del cerebro tienen la capacidad para integrar todas las otras formas de inteligencia y obtener conocimientos acerca de las personas y relacionarse con otros seres humanos. Los lóbulos frontales del cerebro participan en la conservación del orden social y la transmisión cultural.

La inteligencia interpersonal se refuerza escuchando reflexivamente a las personas, trabajando como miembro de un equipo y recibiendo retroalimentación de la gente. Supone empatía, capacidad para ser consciente de los sentimientos de otros y entender las motivaciones de los demás.

Su inicio temprano parte de la relación con los padres, el reconocimiento y aceptación de los que nos rodean, la imitación de sonidos y la interpretación de las palabras, gestos y expresiones faciales de otros. Esto origina la empatía afectiva, el juego de roles sociales y la habilidad para relacionarse con los demás. Su desarrollo complejo incluye el establecimiento de relaciones significativas con los compañeros (más allá de relaciones familiares), el desarrollo de habilidades sociales (colaboración), y la habilidad para participar en equipos. Su desarrollo de orden superior supone el reconocimiento de valores culturales y normas diferentes, reconocimiento de varias ideas sociales y tolerancia y comprensión de los demás.

Muchas actividades profesionales son apropiadas para personas con una alta inteligencia interpersonal, como: maestro, político, sociólogo, antropólogo, líder religioso y profesional de la salud.

Un ejemplo notable de este tipo de inteligencia es Mahatma Ghandi, líder religioso y político de la India.

Inteligencia intrapersonal o introspectiva

La inteligencia intrapersonal o introspectiva implica concentración mental, metacognición, conciencia y expresión de diferentes sentimientos. El razonamiento y el pensamiento abstracto tienen una participación significativa en este tipo de inteligencia. Ésta se estimula cuando estamos en situaciones que causan introspección y requieren conocimiento de los aspectos internos y conciencia de nuestros sentimientos, procesos de pensamiento, autorreflexión y espiritualidad.

Se sabe que ciertos sistemas cerebrales son necesarios en esta forma de inteligencia. Los lóbulos frontales del cerebro integran todas las otras formas de inteligencia para obtener un conocimiento acerca de uno mismo, sintetizan la conciencia del propósito o papel de nuestra vida y participan en el razonamiento complejo (síntesis, aplicación y estrategias de transferencia).

La inteligencia intrapersonal se refuerza con la práctica de la metacognición (control y utilización del conocimiento) mediante el uso de procesos de pensamiento críticos y creativos, habilidades para enfocar y centrar la mente, ejercicios mentales y autoconciencia emocional o técnicas de procesamiento afectivo.

Este tipo de inteligencia se inicia con la expresión de un rango de estados anímicos diferentes y con la adquisición progresiva de la conciencia de sí mismo. Hacia los dos a cinco años de edad, los

niños presentan sentimientos específicos ante situaciones particulares y son capaces de anticipar diferentes resultados. El desarrollo más complejo de esta forma de inteligencia supone el fortalecimiento de habilidades de atención y concentración. El niño comienza a preguntarse sobre el porqué de las cosas y a buscar un sentido a lo que encuentra a su alrededor. Con el establecimiento de lo que le gusta y le disgusta va logrando una autoidentificación y autocomprensión. El desarrollo más complejo de esta forma de inteligencia implica el control consciente de nuestro estado emocional, la búsqueda de identidad (quién soy), la compresión y creación simbólica, el desarrollo de un sistema personal de creencias y filosofía, la metacognición (uso consciente de procesos de pensamiento) y la autocomprensión (incluyendo aspectos psicológicos personales, motivaciones, aspiraciones, y el papel de la cultura).

> **"**
> **Los lóbulos frontales del cerebro integran todas las otras formas de inteligencia para obtener un conocimiento acerca de uno mismo, sintetizan la conciencia del propósito o papel de nuestra vida y participan en el razonamiento complejo (síntesis, aplicación y estrategias de transferencia).**
> **"**

Las personas con una inteligencia autopersonal elevada serán muy exitosas en actividades tales como la psicología y la psiquiatría, la filosofía, y la investigación científica.

Un ejemplo sobresaliente de este tipo de inteligencia es el neurólogo y psicólogo Sigmund Freud, creador de la innovadora revolución psicoanalítica.

Inteligencia naturalista

La inteligencia naturalista se refiere a la capacidad humana de reconocer la flora y la fauna (es decir, cosas vivas de la naturaleza, como plantas y animales) y diferenciarlas de los elementos que no son vivos (por ejemplo, las rocas; o incluso cosas artificiales o artefactos culturales, como los automóviles, los zapatos, etcétera). Esta inteligencia, por tanto, implica la capacidad para reconocer plantas, minerales y animales.

Para sobrevivir, el ser humano ha utilizado esta destreza productivamente en la caza y el cultivo. Nuestros antepasados desarrollaron la habilidad de distinguir especies animales y vegetales basándose en las características de las hojas, de los frutos y del tipo de reproducción. Actualmente, los niños y jóvenes pasan una gran parte de su vida en centros comerciales o jugando deportes y tienen poca oportunidad de entrar en contacto y desarrollar y estimular este tipo de inteligencia.

> **66**
> **Mientras en el ámbito natural la inteligencia naturalista se emplea para identificar y clasificar, en las modernas sociedades urbanizadas los niños y jóvenes la utilizan para reconocer y organizar, tarjetas, estampas, automóviles y tenis.**
> **99**

Gardner señala que, mientras en el ámbito natural la inteligencia naturalista se manifiesta y se emplea para identificar y clasificar, en las modernas sociedades urbanizadas los niños y jóvenes la utilizan para reconocer, repartir y organizar, tarjetas, estampas, timbres, automóviles y zapatos tenis.

Desde el punto de vista biológico, nuestro sistema nervioso tiene capacidad para reconocer patrones y hacer conexiones sutiles. También existen áreas en el cerebro que son responsables de percepciones sensoriales agudas y sitios relacionados con la discriminación y la clasificación de objetos.

Un excelente ejemplo de un gran científico con una alta inteligencia naturalista es Charles Darwin, fundador de la teoría moderna del origen y evolución de las especies por medio de la selección natural.

Inteligencia espiritual o existencial

La inteligencia espiritual o existencial no ha sido formalmente postulada, sin embargo, de acuerdo con Gardner, ésta captura la tendencia humana a formular y ponderar preguntas acerca de su existencia, la vida y la muerte. Es decir, saber quiénes somos, de dónde venimos y a dónde vamos.

Los líderes religiosos y los pensadores filosóficos, como el Dalai Lama y Sören Kierkegaard, ejemplifican este tipo de habilidad. De acuerdo con Gardner, esta inteligencia aún está en discusión, ya que todavía es necesario acumular evidencia acerca de sus bases neuronales.

Creatividad

La creatividad no es lo mismo que la inteligencia, indican los expertos que la han estudiado; pero incluso para ellos es difícil señalar las diferencias entre una y otra. Así, mientras unos afirman que todas las personas pueden ser creativas, algunos otros enfatizan que ésta sólo existe en individuos que hacen contribuciones únicas y originales a la sociedad.

Ejemplos de personas creativas son Marie Curie, Charles Darwin, Thomas Edison, Pablo Picasso y William Shakespeare. Todos ellos poseían una creatividad excepcional. El mundo en que vivimos ha sido moldeado y significativamente influido por los actos creativos de estos individuos.

Sin embargo, también podemos hablar de dos tipos de creatividad: la ordinaria y la excepcional.

La creatividad ordinaria se exhibe por individuos comunes que se encuentran en situaciones normales de la vida. Por ejemplo, cuando cocinamos y agregamos una nueva sazón a una receta o cuando cosemos un vestido original.

El modelo de inteligencia propuesto por el psicólogo estadunidense J.P.Guilford, tiene implicaciones importantes para el pensamiento creativo. Guilford llama creatividad al pensamiento divergente (el que puede producir muchas respuestas diferentes a una sola pregunta), y lo distingue del convergente (el que se mueve hacia una sola respuesta). Por ejemplo, existe una sola respuesta correcta a:"¿Cuántas naranjas hay en dos docenas y media de naranjas? Pero hay muchas respuestas posibles a:"¿Qué usos se le puede dar a un sombrero?" Esta última pregunta requiere de un pensamiento divergente. La generación de nuevas ideas –o sea, el pensamiento divergente– es una condición necesaria pero no suficiente para la creatividad.

La creatividad depende de la posesión de una cantidad considerable de conocimiento dentro de una área particular de interés. Por ejemplo, sería muy difícil ser un compositor creativo si se desconoce acerca de composición musical. Los investigadores de la creatividad buscan saber el estilo de pensamiento y la cantidad de conocimiento que se posee acerca de un área específica.

Se han realizado investigaciones para descubrir la edad a la que los adultos producen trabajos altamente creativos, de esos que llegan a tener un impacto significativo en algún campo específico. La calidad de la productividad de diverso tipo es más alta hacia la década de los 30 años de edad y luego tiende a disminuir. Cerca de 80% de las contribuciones creativas están completas para la edad de 50 años. Los genios no funcionan igual durante toda su vida, sino que siguen un ciclo particular.

Se ha estudiado la productividad en el trabajo superior de personas creativas en el arte, la ciencia y las humanidades. El punto de producción creativa varía de una disciplina a otra. Por ejemplo, en las humanidades las personas a los 70 años son igual de creativas que a los 40. Los artistas y científicos muestran un decremento en la creatividad hacia los 50 años. En todas las ramas del saber, la década de los 30 años es el periodo de mayor creatividad. A medida que el sujeto envejece, pierde interés en la creación de nuevas ideas. Las personas creativas de edad avanzada tienen más interés en reflexionar acerca del significado del conocimiento ya creado y en utilizarlo para que concuerde con el significado de su propia vida, su esfuerzo se encamina a ayudar a evolucionar su cultura de manera adaptativa. Con la edad, la creatividad se convierte en sabiduría. Las personas ancianas ocupan posiciones de poder y liderazgo en muchas instituciones sociales, políticas y religiosas, mientras que los jóvenes crean instituciones y revolucionan las que ya existen. Por ejemplo el Papa, la más alta autoridad de la

> **66**
> **Sería muy difícil ser un compositor creativo si se desconoce acerca de composición musical.**
> **Los investigadores de la creatividad buscan saber el estilo de pensamiento y la cantidad de conocimiento que se posee acerca de un área específica.**
> **99**

Iglesia Católica, asume su posición hasta que llega al doble de edad que tenía Jesús de Nazaret cuando terminó su ministerio.

En todas las áreas de conocimiento podemos decir entonces que: los hombres jóvenes desarrollan las grandes ideas y los hombres viejos las mantienen.

El talento creativo no es sinónimo de la inteligencia académica y no se descubre mediante pruebas. El psicólogo estadunidense L.L.Thurstone presentó un análisis muy interesante del posible papel de la fluidez ideacional, el razonamiento inductivo y ciertas habilidades perceptuales en la conducta creativa. Observó que la creatividad se fomenta por una actitud receptiva en contraste con una actitud crítica hacia ideas novedosas y que la solución creativa ocurre generalmente más durante periodos de relajación y atención dispersa que durante periodos de concentración activa sobre un problema.

En psicología ha existido un gran interés por identificar a los individuos que despliegan ingenio y originalidad. La creatividad es base no sólo de la producción artística sino del pensamiento científico y el progreso social. Los investigadores de las variables asociadas con el logro creativo han seguido diversas aproximaciones. Algunos se han concentrado en el análisis de biografías de personas creativas y sus experiencias, mientras que otros han analizado las situaciones que conducen a la productividad creativa. Algunos investigadores han conducido estudios clínicos intensivos de científicos eminentes, mientras que otros han combinado aproximaciones clínicas y psicométricas mediante el uso de técnicas de evaluación de la personalidad y procedimientos observacionales controlados. Por ejemplo, se ha establecido que las personas creativas son más independientes en su pensamiento y menos dependientes de las convenciones sociales.

Los genios

Los genios son individuos con una creatividad excepcional y una inteligencia sobresaliente. Pero la genialidad es más que inteligencia y creatividad; es también la originalidad y la capacidad para cambiar las cosas.

Genialidad implica un grado superlativo de creatividad que tiene un significado social dentro del contexto de una cultura particular. De esta manera en nuestra cultura los individuos sobresalientes en la ciencia, la literatura, la pintura y la música son designados como genios. Platón, Leonardo da Vinci, Einstein, Pasteur, Picasso y Freud son ejemplos de personas que han producido revoluciones significativas en la historia humana.

Los estudios realizados en psicología acerca de los genios muestran algunas características comunes, que suponen no sólo una inteligencia superior, sino también la existencia de condiciones ambientales apropiadas. Sin un medio ambiente propicio, una persona difícilmente podrá producir una revolución en la historia de la humanidad. En los genios se ha observado que:

> **66**
> **Los estudios realizados en psicología acerca de los genios muestran algunas características comunes, que suponen no sólo una inteligencia superior, sino también la existencia de condiciones ambientales apropiadas.**
> **99**

➡ Cuando son niños tienden a destacar en el dominio educativo, sobresalen en todos los temas escolares, tienen una gama amplia de intereses y una vida de juego más activa; son avanzados en carácter y desarrollo de personalidad, madurez y estabilidad emocional.

➡ El medio ambiente tiene una importancia fundamental. Usualmente, se trata de personas que fueron estimuladas en un área particular desde pequeños. Händel (un genio de la música) tocaba el clavicordio cuando era niño y componía a los seis años de edad. Mozart tocaba el clavecín a los tres años y realizaba giras artísticas a los seis años. Einstein a los 16 años pensaba qué sucedería si soltáramos un rayo de luz y saliéramos corriendo detrás de él.

Estos hombres, considerados como genios, presentan una inteligencia por arriba del promedio, que es necesaria para el desarrollo de su precocidad, pero sin la estimulación propia del medio ambiente es dudoso que hubieran llegado a desarrollar esta clase de talento. Además de existir condiciones culturales altamente favorables para su desarrollo, han sido también personas que han recibido un entrenamiento intensivo en cierta área del conocimiento. Pasteur vivió en una época en la que existía un gran interés por los fenómenos biológicos, y Einstein en la época de mayor desarrollo de la física.

¿Eres genio?

Analiza cuál de las siguientes características posees.

1. Los genios son personas que no sólo son capaces de encontrar soluciones a los problemas, sino también de hallar los problemas. No es necesario ser un genio para interpretar los sueños, pero fue necesario el genio de Freud para analizar el significado de los sueños en la vida humana.

2. Los genios trabajan con una mezcla de entusiasmo infantil y obsesión. De hecho, trabajan con esfuerzo y obtienen una comprensión fundamental mediante preguntas de naturaleza infantil. Por ejemplo, Einstein se preguntaba acerca del espacio y del tiempo (fenómenos que el adulto piensa cuando es niño), pero desde un punto de vista científico.

3. Los genios son personas capaces de sintetizar diferentes formas de pensamiento para producir su trabajo. Hay compositores que dicen que pueden ver la música, mientras que los pintores con frecuencia afirman que pueden experimentar los sonidos como símbolos visuales.

4. Se necesita una cantidad suficiente de conocimiento para que una persona pueda hacer una contribución genial. Sólo un conocimiento y una comprensión muy sólidas de la física puede llevar a que alguien produzca una revolución en esta disciplina.

>
> **Los genios trabajan con una mezcla de entusiasmo infantil y obsesión. De hecho, trabajan con esfuerzo y obtienen una comprensión fundamental mediante preguntas de naturaleza infantil.**

5. Los genios no sólo resuelven problemas existentes, sino que también identifican problemas nuevos. Todos los genios trascienden las soluciones a los problemas que se encuentran establecidas en su época.

6. Para sus creaciones, los genios hacen permutaciones de los elementos mentales, imágenes, frases, memorias, conceptos abstractos, sonidos, rimas, etcétera. Como un niño con un lego, las

personas muy inteligentes tienen más oportunidad de formar nuevas combinaciones de ideas-símbolos. Los genios son capaces de formar combinaciones novedosas con las ideas existentes.

7. Son personas que están dispuestas a tomar riesgos intelectuales para unir ideas disparatadas y que a menudo presentan intereses en campos no relacionados. Esto hace más factible lograr combinaciones nuevas. Gutenberg, por ejemplo, combinó el mecanismo para producir cartas, presionar vino y perforar monedas para crear la imprenta.

8. En los genios hay tolerancia para la ambigüedad, paciencia con condiciones impredecibles de pensamiento y, en general, una gran capacidad para integrar diferentes fuentes de información. Más aún, los genios manejan diferentes tipos de información diversa, que eventualmente tratan de integrar.

9. Es frecuente que las personas que consideramos como geniales sean capaces de combinar modalidades sensoriales diferentes. Einstein, por ejemplo, se representaba visualmente los problemas que trataba de entender. Algunos compositores dicen que ven las notas musicales como diferentes colores. Picasso afirmaba que veía los números y cantidades como imágenes de objetos reales. El número 2 era una paloma y el 0 un ojo.

10. La creatividad de los genios en el arte y la ciencia se relaciona estrechamente con su capacidad para trabajar en forma obsesiva. No esperan bajo un árbol que caiga una manzana o que caiga un rayo para analizar un problema o considerar una solución. Freud decía: "Cuando no me llega la inspiración, voy a buscarla". Bach escribía todas las semanas una cantata diferente, sin importar si estuviese sano o enfermo. Los genios realizan su trabajo con pasión y con una actitud de asombro infantil.

El cerebro genial

Como se señaló, las contribuciones más importantes a la ciencia y el arte se realizan en etapas diferentes de la vida. En matemáticas y física, en general, llegan relativamente temprano. En música, arte y novelas pueden ser más tardías. Una producción genial es una combinación de juventud y madurez. Cuando se da la revolución, se ha invertido ya mucho tiempo y experiencia pensando de cierta manera que, eventualmente, no lleva a nada; pero que es muy posible conduzca a una solución genial.

De manera obvia, la genialidad se encuentra en el cerebro. Se ha dicho que en las personas particularmente sobresalientes y geniales, la cantidad de sustancia gris cerebral es la misma, pero la forma en que se encuentra integrada es más compleja. Existe una mayor eficiencia en la transmisión de información en el cerebro.

Los estudios de los cerebros de personas reconocidas como genios pueden ser ilustrativos. Por ejemplo, Albert Einstein tenía más oligondendroglia, células que ayudan a aumentar la rapidez de la comunicación entre las neuronas. Podemos suponer que el procesamiento de información en su cerebro era muy eficiente. También el área del cerebro conocida como circunvolución angular en el hemisferio izquierdo era mayor que en la mayor parte de los cerebros de otras personas.

¿Qué factores son responsables del desarrollo de un genio? ¿A qué edad se pueden identificar por primera vez? ¿Hasta qué edad se pueden mantener? Los psicólogos han estudiado las vidas y las características de individuos geniales como Einstein, Freud, Picasso, Stravinsky, Gandhi y Graham. Se ha reconocido que la inteligencia y la creatividad son necesarias, pero no suficientes para el desarrollo de ideas realmente geniales. Se requiere la originalidad en el pensamiento para la solución de los problemas.

Con la música por dentro

CAPÍTULO 5

EL CEREBRO Y LA EXPERIENCIA MUSICAL

Para la ciencia, la música representa un gran misterio. Aunque la música no se utiliza para una comunicación explícita (como el leguaje oral) y no conlleva un propósito de supervivencia, sí ha tenido una importancia central continua en la experiencia humana y es un lenguaje universal comprensible por oyentes de cualquier cultura.

La música tiene una enorme influencia en nuestro estado de ánimo, puede inducir emociones que oscilan entre una profunda tristeza, fervor patriótico e intensa alegría. Sin duda, la habilidad para experimentar y reaccionar a la música está profundamente arraigada en la biología de nuestro sistema nervioso. Es por ello que la comprensión de las características de la música y de su organización cerebral ha representado un desafío. Con técnicas de neuroimagen se está empezando a investigar la habilidad para concebir, componer, leer, interpretar, percibir y disfrutar la música.

La música es una experiencia psicológica innata

Las habilidades musicales representan una de las formas de inteligencias postuladas por Howard Gardner, relativamente independiente de otras capacidades intelectuales.

La capacidad musical parece ser innata. Se ha investigado cómo perciben las escalas armónicas los bebés menores de seis meses de edad. Para ello, a un grupo de niños se les sentó en las piernas de sus madres mientras se emitían diferentes secuencias de notas; cada vez que se producía un cambio en la secuencia y el bebé reaccionaba, se le premiaba con un juguete. Se encontró que los pequeños respondían mejor a las secuencias consonantes que a las disonantes. Estos resultados indican que desde muy temprano, los niños tienen cierto gusto por la música que los adultos consideramos como armónica.

En otro experimento similar se expuso a mujeres con siete meses de embarazo a una sinfonía específica y, sorprendentemente, a los cuatro días después del parto los bebés reaccionaban con agrado al escuchar la misma melodía. Diversas investigaciones han reportado que entre los ocho y los once meses de edad queda establecida la capacidad para distinguir y recordar melodías. Nacemos, además, con la capacidad para percibir aspectos de entonación del lenguaje. Todos los adultos al dirigirnos a los bebés tendemos a utilizar entonaciones exageradas, repetitivas y rítmicas. Indudablemente, nuestro lenguaje tiene propiedades musicales.

Durante la infancia, todos los niños cantan igual que balbucean, pueden imitar sonidos individuales (por ejemplo, sonidos de anima-

> **66**
> **Se ha propuesto que los niños de dos meses de edad son capaces de parear tonos, discriminar los contornos de intensidad de las canciones maternas y que a los cuatro meses pueden parear estructuras rítmicas.**
> **99**

les), produce patrones prosódicos e incluso imitan con cierta exactitud tonadas que cantan otros. Se ha propuesto que los niños de dos meses de edad son capaces de parear tonos, discriminar los contornos de intensidad de las canciones maternas y que a los cuatro meses pueden parear estructuras rítmicas. Hacia los dos años y medio los niños pueden inventar canciones.

Curiosamente, el analfabetismo musical es aceptado en nuestra cultura. Pero en algunas sociedades de África, la situación es diferente: desde la primera semana de nacimiento los niños son introducidos a la música y baile de sus madres, y los padres les hacen pequeños tambores; a los dos años de edad existen grupos en donde se les enseña a cantar, bailar y tocar instrumentos; a los cinco años de edad estos niños africanos pueden cantar cientos de canciones, tocar varios instrumentos de percusión y ejecutar docenas de intrincados movimientos. En algunas ceremonias de otras culturas, a las personas con menos talento se les obliga a acostarse en el piso, mientras que los de talento tocan y ocupan un puesto sobresaliente. En otras culturas contemporáneas, como China, Japón y Hungría, se espera que todos los niños tengan habilidad para cantar y ejecuten algún instrumento musical.

> 66
> **De acuerdo con Suzuki, cualquier niño rodeado de un ambiente musical y con padres que le dan confianza, aprenderá a tocar el violín de la misma forma que aprenderá a hablar, es por ello que sus cursos comienzan a partir de los tres años de edad, pudiéndose elegir entre el violín, el violonchelo y el piano.**
> 99

Suzuki, violinista japonés recientemente fallecido a los 99 años de edad, revolucionó la enseñanza de los instrumentos de cuerda, especialmente el violín. De acuerdo con Suzuki, cualquier niño rodeado de un ambiente musical y con padres que le dan confianza, aprenderá a tocar el violín de la misma forma que aprenderá a hablar, es por ello que sus cursos comienzan a partir de los tres años de edad, pudiéndose elegir entre el violín, el violonchelo y el piano.

¿Cómo afecta el conocimiento musical al cerebro?

En 1993, Rauscher y Shaw publicaron un trabajo en la revista *Nature*, en el cual demostraron que escuchar la música de Mozart –específicamente la sonata para dos pianos K448– en comparación con instrucciones de relajación o silencio, produjo un incremento breve pero significativo en la ejecución de tareas espaciales. Stough, en 1994, examinó este efecto comparando la música de Mozart con música popular o silencio en pruebas de inteligencia y no encontró lo mismo. Rauscher replicó y extendió sus hallazgos en 79 estudiantes divididos en tres grupos: silencio, la sonata para dos pianos K448 de Mozart y música del compositor Philip Glass. Sólo el grupo que escuchó a Mozart mostró un incremento significativo en la ejecución de pruebas dirigidas a medir inteligencia no verbal. Escuchar una historia o una danza musical no mejoró la ejecución en las pruebas; el incremento estuvo entonces relacionado con algún aspecto específico de la pieza de Mozart más que con la atención, la música o una historia.

Rauscher y Show han utilizado pruebas de habilidades de razonamiento abstracto, habilidad para pensar con ideas (más que con objetos concretos) y saber cómo ensamblar objetos en el espacio. Las pruebas utilizadas incluyeron también el análisis de modelos y figuras, habilidades para deducir las relaciones entre figuras y números, y el arreglo de figuras en filas y columnas. Aplicaron tres veces estas pruebas en 36 estudiantes en dos condiciones: a) después de 10 minutos de escuchar un casete de relajación, y b) después de escuchar 10 minutos la sonata de Mozart. Todos los participantes incrementaron sus puntajes después de escuchar a Mozart. Su ejecución fue aproximadamente 10% superior y este efecto duró 15 minutos. En otro estudio, Shaw y Rauscher dieron clase de canto y piano a 19 niños en edad preescolar y después de ocho meses encontraron un incremento en sus habilidades para resolver problemas espaciales (laberintos, copiar figuras geométricas, etcétera). La música entonces parece fortalecer ciertos circuitos que comparte con las habilidades espaciales y probablemente también las matemáticas.

La explicación biológica de este fenómeno estaría relacionada con el hecho de que el cerebro posee modelos inherentes y no es un surtido aleatorio de neuronas. Estas redes neuronales construyen una especie de puentes a lo largo de la superficie del cerebro. La estructura musical de Mozart podría quizás evocar una respuesta a la música desde el cerebro, así como una cuerda vibrante del piano hace que otra comience a vibrar.

Existen muchos puntos de convergencia entre la música y habilidades espaciales. Por ejemplo, ambas se han relacionado con la actividad del hemisferio derecho. Se sabe que los compositores dependen de poderosas habilidades espaciales; en comparación, la relativa poca frecuencia de mujeres compositoras podría relacionarse con su mejor ejecución en tareas verbales, pero no espaciales. En otras actividades que igual requieren grandes habilidades espaciales (por ejemplo, el

ajedrez, las matemáticas y la ingeniería) las mujeres también se encuentran relativamente subrepresentadas.

Durante el desarrollo infantil existen etapas en que los niños adquieren determinadas habilidades de forma especialmente rápida, lo cual es válido en el caso de la motricidad, la música y el lenguaje. Estas etapas sensibles se han llamado en forma figurada como periodos críticos o "ventanas neuronales", ya que se van cerrando una vez pasada la edad óptima. Así, la mejor época para aprender a tocar un instrumento musical se sitúa entre los tres y los diez años, aunque no quiere decir que más tarde todo esté perdido. Algunos músicos han empezado su entrenamiento durante la adolescencia y personas hasta de 50 años de edad pueden alcanzar cierto nivel musical, aunque no lleguen a ser grandes profesionales.

Existen escuelas que acercan a los niños desde edades muy tempranas al mundo de los ritmos y las melodías de forma lúdica y sin presión alguna.

Hay innovadores, como Shinichi Suzuki y Carl Off, quienes han creado métodos de aprendizaje para facilitar a los niños el acceso a la música.

> **"**
> **la mejor época para aprender a tocar un instrumento musical se sitúa entre los tres y los diez años, aunque no quiere decir que más tarde todo esté perdido. Algunos músicos han empezado su entrenamiento durante la adolescencia y personas hasta de 50 años de edad pueden alcanzar cierto nivel musical, aunque no lleguen a ser grandes profesionales.**
> **"**

La música y su relación con las funciones intelectuales

Nuestra capacidad para retener datos mejora mientras escuchamos ciertos tipos de composiciones, a condición de que escuchemos la misma música mientras aprendemos y también mientras recordamos la información. Este fenómeno en el aprendizaje se conoce como "aprendizaje ligado o dependiente del estado" (es más fácil la evocación cuando ésta se da en condiciones similares a las que existían durante la retención). Por ejemplo, se realizó un experimento de memorización de una lista de palabras en tres situaciones acústicas distintas: escuchando un concierto para piano de Mozart, oyendo una pieza de jazz y en silencio. Dos días después se pidió a los participantes que recordaran lo aprendido. Los sujetos que durante el examen escuchaban la misma obra que oyeron al memorizar la lista obtuvieron los mejores resultados. Los que en ambas ocasiones estuvieron en un silencio no mostraron mejoría, pero a los sujetos a quienes se les cambió el tipo de música durante la sesión de aprendizaje y la del recuerdo presentaron un pésimo resultado. Así pues, la melodía refuerza nuestra capacidad de aprendizaje y al volver a escucharla nos evoca lo memorizado.

> **66**
> **Nuestra capacidad para retener datos mejora mientras escuchamos ciertos tipos de composiciones, a condición de que escuchemos la misma música mientras aprendemos y también mientras recordamos la información.**
> **99**

¿La música cambia el cerebro de los músicos?

Recientemente, utilizado técnicas de neuroimagen como PET (tomografía por emisión de positrones), se ha estado investigando cómo responde el cerebro al sonido y al ritmo; cómo la estimulación musical afecta los circuitos nerviosos y si el cerebro de los expertos en música difiere de las personas sin este conocimiento. Estos estudios pueden tener implicaciones importantes para ayudar personas con daño neurológico.

Lawrence Parson, en 1998, partió de la observación de que el ritmo y la melodía estimulan varias partes del cerebro. La localización de los circuitos neuronales que subyacen o intervienen en la comprensión de los principales componentes de la música fueron mapeados utilizando PET. Se realizaron registros en directores de orquesta mientras identificaban errores en un coro de Bach. Los errores se referían al ritmo, la armonía o la melodía. Cada condición mostró un patrón de actividad distintiva con relación a escuchar simplemente la música. Las tres tareas, especialmente el ritmo, activaron el cerebelo. Todas las tareas también activaron zonas temporales derechas. Existe entonces, en consecuencia, una red neural ampliamente distribuida que se activa durante el procesamiento de las diferentes características de la música y que incluyen no sólo los lóbulos temporales sino también el cerebelo.

Gottfried Schalug, de la Universidad de Harvard, utilizó imágenes por resonancia magnética para comparar el cerebro de 51 músicos y 39 personas sin conocimiento musical. El entrenamiento y la experiencia motora de los músicos es un experimento ideal para investigar cómo la adaptación funcional se correlaciona con los cambios estructurales en su cerebro. En los músicos existe una adquisición y práctica continua de habilidades manuales bilaterales. Su estudio se enfocó a analizar si el cerebelo –que es una estructura involucrada en la coordinación motora, el aprendizaje motor y el procesamiento temporal de secuencias de movimientos– también participa en actividades musicales. Los resultados del estudio de Shalug apoyaron la participación del cerebelo en la música y confirmaron un aumento significativo en el volumen de éste.

Consideremos lo que hace un pianista al interpretar la música junto con una orquesta: al leer las notas, estimula su corteza visual; luego activa las áreas auditivas, que a su vez envían una señal a la corteza motora para mover algunos de sus dedos. Al mismo tiempo, el músico debe oírse a sí mismo, oír a la orquesta que lo está acompañando y además tratar de imprimirle personalidad a su interpretación. Un músico puede realizar más de diez movimientos por segundo, al tiempo que se oye, que escucha a los demás y que toma decisiones. Ante tal complejidad, se puede uno imaginar por qué experimenta cambios el cerebro de los músicos.

La música en la rehabilitación de problemas neurológicos

Entender los mecanismos neuronales asociados con el procesamiento musical podría contribuir en la rehabilitación de diversos trastornos neurológicos. Por ejemplo, en pacientes con trastornos graves del lenguaje se emplea la terapia melódica entonacional, la cual, basándose en ritmos, enseña a los pacientes a hablar cantando. Con esta terapia se pretende que áreas homólogas del hemisferio derecho tomen las funciones lingüísticas alteradas por las lesiones. Algunos

enfermos no logran hablar, pero sí pueden cantar. El habla y el canto son facultades regidas por distintas regiones cerebrales, de modo que, en algunos casos, mediante el canto se puede potenciar la función del habla. Es decir, se trata de activar redes neuronales para compensar el defecto en la comunicación.

Una de las capacidades básicas del oído es la percepción de los ritmos, esta habilidad se manifiesta antes del nacimiento debido a los latidos del corazón de la madre. Los estudios confirman que escuchar un ritmo marcado con un metrónomo puede ayudar a pacientes con enfermedad de Parkinson o con embolias. El cerebro de éstos se acopla al ritmo que escuchan y lo transforma en movimiento. Se ha comprobado que los compases sencillos, como el de cuatro por cuatro o el de dos por cuatro, resultan particularmente adecuadas para estimular el cerebro. El objetivo de este tratamiento es que los enfermos interioricen el ritmo y puedan evocarlo cada vez que lo necesiten, de modo que logren normalizar sus movimientos inclusive sin música, lo cual mejora el potencial de coordinación motora de un cerebro así entrenado.

> **66**
> **Los investigadores afirman que la causa de los efectos benéficos de la música reside en el ritmo. La música es la consecuencia del ritmo interno del ser humano, desde el latido del corazón, pasando por la respiración hasta los distintos ritmos de la actividad cerebral. Asimismo, el ritmo también puede influir desde el exterior en nuestro organismo.**
> **99**

Los investigadores afirman que la causa de los efectos benéficos de la música reside en el ritmo. La música es la consecuencia del ritmo interno del ser humano, desde el latido del corazón, pasando por la respiración hasta los distintos ritmos de la actividad cerebral. Asimismo, el ritmo también puede influir desde el exterior en nuestro organismo.

Michel Thaut, director del Centro para la Investigación Musical en la Universidad de Colorado, ha analizado la influencia del ritmo sobre el aparato motor. Utilizando sistemas computarizados produce tonos y ritmos con definiciones exactas para investigar, con una videograbación, hasta el más mínimo movimiento de los pacientes. El cerebro humano está en disposición de percibir un ruido y trasformarlo en movimiento. Una de las pruebas utilizadas consiste en que pacientes sanos deben mover sus manos rítmicamente entre dos puntos fijados. Gracias a unos sensores colocados tanto en las manos como en dichos puntos, se puede comprobar lo bien o lo mal que lo hacen a través del análisis informático del movimiento videograbado. Esta prueba demuestra que si un metrónomo marca el compás, el cerebro de los sujetos se adapta inmediatamente al ritmo y los movimientos aumentan en exactitud y uniformidad.

> **❝**
> **La música también representa un medio potencialmente poderoso para evocar memorias incluso en pacientes con fallas graves en este rubro, como aquellos que padecen la enfermedad de Alzheimer. Muchos de éstos, cuando escuchan una melodía de su juventud, recuperan de golpe los recuerdos relacionados con ella.**
> **❞**

Escuchar un ritmo marcado ejerce una fuerza de atracción muy intensa sobre nuestro sistema motor controlado a su vez por el cerebro. Todos hemos vivido la tendencia a movernos rítmicamente cuando escuchamos ciertos tipos de música, y quizás éste sea precisamente el origen del baile.

Pacientes con enfermedad de Parkinson o algunos con embolias tienen verdaderos problemas para poner un pie delante de otro al andar o para coordinar el paso al cambiar de dirección. Sin embargo, algunos de éstos que recibieron terapia rítmica obtuvieron resultados espectaculares, ya que lograron caminar adaptándose al ritmo de la música. Esto no significa que aprendan de nuevo a caminar, sino que sus cerebros se pueden acoplar al ritmo que escuchan y trasformarlo automáticamente en movimiento.

La música también representa un medio potencialmente poderoso para evocar memorias incluso en pacientes con fallas graves en este rubro, como aquellos que padecen la enfermedad de Alzheimer. Muchos de éstos, cuando escuchan una melodía de su juventud, recuperan de golpe los recuerdos relacionados con ella.

La música y el estado de ánimo

Se sabe que las regiones paralímbicas forman parte de un mecanismo neural que subyace la respuesta emocional a la música. Utilizando la tomografía por emisión de positrones (PET) se analizó la reacción de sujetos mientras escuchaban diferentes tipos de música (concordante o disonante). Los resultados demostraron que ante la música que se califica como agradable se activan las zonas temporales del hemisferio derecho y regiones parahipocámpicas. Por el contrario, la música disonante produce un incremento en el nivel de actividad de las zonas orbitofrontales.

Cuando escuchamos música que nos agrada, nuestro organismo secreta sustancias endocrinas conocidas como opiáceos naturales (o

endorfinas). Esto implica que la música realmente puede activar el sistema de placer del cerebro. Se sabe también que el placer que produce la música se puede bloquear con un antagonista de la morfina llamado narkan.

Cierto tipo de música logra modificar nuestra actitud sentimental en un momento dado. Algunos estudios confirman que la música puede producir efectos en la frecuencia cardiaca, las ondas cerebrales, la presión arterial y los niveles de hormonas asociados con el estrés.

También se ha encontrado que la música permite desacelerar y ecualizar las ondas cerebrales. Nuestro cerebro produce ondas eléctricas que pueden ser registradas en un estudio llamado electroencefalograma (EEG), utilizado por los médicos para identificar enfermedades como la epilepsia. Estas ondas son:

- ➠ **Ondas beta.** Oscilan entre 14 y 20 ciclos por segundo (hertz) y aparecen cuando nos concentramos en las actividades diarias del mundo exterior. También se presentan cuando sentimos emociones fuertes negativas.
- ➠ **Ondas alfa.** Cuando nos encontramos relajados, aparecen ondas alfa cuyo ciclo es de 8 a 13 hertz.
- ➠ **Ondas theta.** Cuando estamos meditando o durmiendo, la actividad cerebral se caracteriza por tener ondas theta que oscilan entre 4 a 7 hertz.
- ➠ **Ondas delta.** Cuando tenemos un sueño profundo o estamos inconscientes, aparecen en el cerebro las ondas delta que tienen un rango de 1 a 3 hertz.

La música puede inducir cambios en la actividad eléctrica cerebral. Los tambores tipo rítmico pueden llevar a quien los escucha al rango cerebral de las ondas theta. Otros tipos de música pueden acompañarse de otras actividades cerebrales.

Existen también estudios de cómo una pieza musical puede afectar el estado de ánimo. Se ha descubierto que las melodías alegres inducen estados eufóricos y las tristes producen depresiones anímicas. A un grupo de personas se les pidió que juzgaran el estado de ánimo de varios actores que ponían caras de alegría, tristeza o indiferencia. Los sujetos que escuchaban música triste tendían a interpretar los rostros neutros como reprimidos, mientras que los que oían piezas alegres les atribuían expresiones de buen humor. Desde los seis años de edad, los niños son capaces de decidir cuál de las Variaciones Goldeberg de Bach es triste, alegre o inquieta.

Es conocido, desde tiempos de la antigua Roma, que las marchas militares estimulan la moral de los soldados. Las melodías que se emiten en los aviones y en las salas de espera de los médicos es-

Adrian North encontró que las composiciones con ritmo rápido inducen a los clientes a caminar más deprisa, mientras que las piezas lentas incitan al consumidor a caminar más despacio y en consecuencia esto les permite tener más tiempo para ver mejor las mercancías.

tán pensadas para inducir la relajación de pasajeros y pacientes. Los centros comerciales tienen música de fondo para elevar el estado de ánimo de los compradores y aumentar sus ventas. En un estudio recientemente publicado en la revista *Nature*, Adrian North encontró que las composiciones con ritmo rápido inducen a los clientes a caminar más deprisa, mientras que las piezas lentas incitan al consumidor a caminar más despacio y en consecuencia esto les permite tener más tiempo para ver mejor las mercancías.

Todos tenemos una música favorita y los efectos de ésta pueden ser variables. Por ejemplo, el jazz muy movido puede activarnos, acelerar un poco el pulso y activar algo la producción de adrenalina; pero el jazz tranquilo podría bajar un poco la presión arterial y poner al cerebro en una actividad alfa con efectos tranquilizantes.

Los cantos gregorianos utilizan el ritmo de la respiración natural humana para crear un sentido de relajación en el espacio. Son excelentes para el estudio tranquilo y la meditación e incluso pueden reducir el estrés crónico.

> **66**
> **A pesar de que la música no cumple una función específica para nuestra supervivencia, es indudable que desempeña un papel central en nuestras vidas, ya que intensifica nuestras emociones, nos hace utilizar nuestra imaginación, y sin ella probablemente seríamos menos sensibles y sociables. La música no sólo puede elevar nuestro espíritu sino también reconectar nuestro cerebro.**
> **99**

La música barroca lenta de compositores como Bach, Vivaldi y Händel pueden impartir una sensación de estabilidad, orden, seguridad y crear un ambiente estimulante para el estudio.

La música clásica como la de Haydn y Mozart tiene claridad, elegancia y transparencia. Se ha observado que en ocasiones puede ser útil para mejorar la percepción de espacio de quien la escucha.

La música romántica de Chopin, Schubert, Tchaikovsky y Liszt enfatiza la expresión y el sentimiento. Con frecuencia se utiliza para invocar temas de individualismo y misticismo.

La música impresionista de compositores como Debussy, Faure y Ravel se basa en formas musicales de flujo continuo e impresiones y evoca imágenes parecidas a los sueños.

Los ritmos de origen africano, incluyendo jazz, blues, dixeland, soul y calypso, son formas de música y danza que surgieron de una herencia africana muy expresiva y pueden animarnos e inspirarnos alegría y tristeza.

La música latinoamericana, como la salsa, la rumba y el merengue, tiene un ritmo muy vivo y un paso que puede acelerar el corazón, aumentar las respiraciones y poner todo el cuerpo en movimiento. La samba tiene también la rara habilidad de estimularnos y tranquilizarnos.

Podemos concluir que, a pesar de que la música no cumple una función específica para nuestra supervivencia, es indudable que desempeña un papel central en nuestras vidas, ya que intensifica nuestras emociones, nos hace utilizar nuestra imaginación, y sin ella probablemente seríamos menos sensibles y sociables. La música no sólo puede elevar nuestro espíritu sino también reconectar nuestro cerebro.

Un asunto de vida o muerte

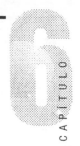

CAPÍTULO 6

LAS EMOCIONES Y EL ESTRÉS

Todas las emociones, tanto las agradables (alegría, orgullo, felcidad y amor) como las desagradables (dolor, vergüenza, miedo, descontento, culpabilidad, cólera y tristeza), están profundamente arraigadas en la biología. La mayoría de las respuestas de las reacciones emocionales, en especial aquellas que se asocian con conductas defensivas o agresivas, han existido desde hace mucho tiempo y surgieron como parte de un proceso de adaptación y supervivencia de la especie humana. En este sentido, podemos afirmar que los propósitos útiles cumplidos por las conductas emocionales guiaron de forma significativa la evolución del cerebro.

Desde el punto de vista anatómico, el cerebro humano no ha cambiado durante la historia reciente. Lo que ha evolucionado es el uso de las habilidades cognoscitivas ("la mente"). Los seres humanos son organismos biológicos que tienen asombrosas semejanzas en estructura, función y aun en patrones de comportamiento con diversos animales, en especial con otros primates. De hecho, el *Homo sapiens* –la forma moderna del ser humano– aparece sólo hace 50 000 a 100 000 años, lo cual es muy poco tiempo en la escala de la historia del mundo. Si bien las fuerzas de selección natural de su especie moldearon al ser humano como un primate cazador y recolector de comida, también nuestro pasado evolutivo modeló nuestra conducta y estructura cerebral.

Existen ciertas emociones básicas que son similares en todas las sociedades y, de acuerdo con la teoría evolutiva, tienen una importante función de supervivencia. Éstas ayudan a generar reacciones apropiadas en momentos de peligro producidos por el entorno, como la súbita aparición de un depredador.

En situaciones de urgencia, las emociones pueden auxiliarnos de tres maneras diferentes:

1. Nos ayudan a utilizar al máximo nuestras fuerzas durante periodos cortos.

2. Nos permiten sostener la actividad durante más tiempo del que ordinariamente es posible.

3. Disminuyen nuestra sensibilidad al dolor.

Emociones como el miedo o la cólera promueven una conducta orientada hacia determinado

> **66**
> **Muchos investigadores han propuesto que las emociones representan principios motivacionales básicos. Algunos de ellos afirman que buscar el placer y evitar el dolor constituyen las dos finalidades más importantes de la vida.**
> **99**

objetivo. Muchos investigadores han propuesto que las emociones representan principios motivacionales básicos. Algunos de ellos afirman que buscar el placer y evitar el dolor constituyen las dos finalidades más importantes de la vida. Freud, por ejemplo, se refirió al placer como uno de los principios motivacionales básicos del hombre. El ser humano es motivado por sus necesidades fisiológicas o por sus emociones.

La palabra emoción se deriva de la palabra latina *emovere*, que significa remover, agitar, conmover, excitar. De hecho, tanto la palabra "emoción" como la palabra "motivo" tienen significados similares, y las dos pueden despertar, sostener y dirigir la actividad del organismo. Muchos investigadores aún piensan que los conceptos de emoción y de motivación son equivalentes.

Sin las emociones, los seres humanos seríamos poco más que máquinas que trabajaran de la misma manera día tras día. No conoceríamos los goces del amor ni la felicidad del éxito. No experimentaríamos simpatía por el desdichado ni dolor por la pérdida del ser amado. Desconoceríamos el orgullo, la envidia y los celos. La vida sin sentimientos ni emociones sería superficial e incolora, pues carecería de valor y significado.

> **66**
> **Podemos afirmar que la emoción es un elemento clave para el aprendizaje y la toma de decisiones. Cuando realizamos un mal negocio, sentimos malestar, lo cual nos permite actuar con más precaución la próxima vez. No podemos decidir con quién nos casaremos o cómo organizaremos nuestras finanzas sólo con base en nuestro razonamiento.**
> **99**

El componente emocional es básico en el proceso del pensamiento racional. Pacientes con daño frontal se comportan irracionalmente y no miden las consecuencias de sus actos debido, en parte, a su incapacidad para modular las emociones. Podemos afirmar que la emoción es un elemento clave para el aprendizaje y la toma de decisiones. Cuando realizamos un mal negocio, sentimos malestar, lo cual nos permite actuar con más precaución la próxima vez. No podemos decidir con quién nos casaremos o cómo organizaremos nuestras finanzas sólo con base en nuestro razonamiento. El elemento emocional es decisivo en la toma de decisiones racionales.

Fisiología de las emociones

Una respuesta emocional incluye tres tipos de componentes:

1. Respuestas corporales.
2. Respuestas fisiológicas.
3. Representación subjetiva o interpretación individual del acontecimiento.

Las respuestas corporales se evidencian mediante posturas, gestos y expresiones faciales. Dos clases de respuestas reflejan con frecuencia las emociones: las externas y las fisiológicas.

La respuesta externa o explícita está dirigida al medio ambiente. Ésta puede tomar la forma de cambios en la expresión (sonrisa, risa, llanto) o incluso manifestarse en una agresión declarada, como golpear a un adversario, patear una silla o maldecir.

Las respuestas fisiológicas (implícitas) se refieren a cambios dentro del organismo. El corazón late más rápidamente, se libera azúcar a partir del hígado, las pupilas se dilatan y se presentan muchos otros cambios.

Es interesante notar que las expresiones faciales (que comunican miedo, enojo, felicidad, tristeza, disgusto, etcétera) en gran medida son universales y se asocian con estados emocionales similares tanto en humanos como en primates no humanos. Estas expresiones faciales son muy semejantes en los aborígenes de Nueva Guinea, en Japón o en Nueva York.

Sin embargo, la manera específica como se expresan las emociones es determinada en gran parte por la cultura del lugar donde vive un individuo. Por ejemplo, en México, los hombres rara vez lloran, mientras que las mujeres lo hacen con mucha facilidad. Por otra parte los franceses lloran más fácilmente que los estadounidenses. En México, sacar la lengua puede significar malestar, pero entre los chinos indica sorpresa. Cada cultura enseña cómo expresar los sentimientos de manera socialmente aceptable. Los niños con frecuencia manifiestan sentimientos agresivos u hostiles destinados a lastimar con un ataque físico directo; en los adultos estas conductas son raras, porque socialmente son inaceptables.

La conducta corporal incluye los movimientos corporales apropiados a la situación que los provoca. Por ejemplo, si alguien está en peligro de ser atropellado, su conducta apropiada será correr o escapar. Un perro que defiende su territorio contra un intruso adopta primero una conducta agresiva, gruñe y muestra los dientes; si el intruso no se va, el defensor correrá hacia él y lo atacará. Las respuestas autónomas facilitan las conductas y proporcionan una movilización rápida de energía para lograr un movimiento vigoroso.

La forma más objetiva de estudiar las emociones es el registro de los cambios fisiológicos que se presentan cuando el individuo está trastornado o perturbado emocionalmente.

El enojo y el miedo producen diferentes reacciones fisiológicas. Cannon, hacia mediados del siglo XX, realizó una serie de trabajos clásicos sobre los cambios fisiológicos que acompañan a las respuestas emocionales. Describió que cuando un animal es confrontado con una situación que evoca dolor, enojo o rabia, responde con un conjunto de reacciones fisiológicas que lo preparan para enfrentar la amenaza, bien sea luchando o escapando. Estas reacciones se asocian con la secreción de adrenalina, relacionada con la percepción de la amenaza por parte de la corteza cerebral. El cerebro envía un estímulo a través de la rama simpática del sistema nervioso autónomo a la glándula suprarrenal (arriba de los riñones) y se secretan hormonas. Entonces la respiración se hace profunda, el corazón late rápidamente, aumenta la presión arterial, la sangre de los intestinos y del estómago se va al corazón, al sistema nervioso central y a los músculos; los procesos digestivos se detienen y se libera azúcar de las reservas del hígado. Estas respuestas son nuestra preparación para la lucha. El hígado satura la sangre con azúcar para que los músculos puedan trabajar. La sangre se distribuye con rapidez entre el corazón, el cerebro y los músculos (esenciales para el esfuerzo físico) y se la quita al estómago. Además, desaparece rápidamente la sensación de fatiga muscular. El aumento en la respiración y la sangre redistribuida circulando a alta presión, establece el escenario para la acción de emergencia. Las respuestas fisiológicas se activan automáticamente. Todos estos cambios están dirigidos a que el organismo sea más efectivo en el manejo de la situación de emergencia.

> **66**
> **La adrenalina produce cambios fisiológicos en todo el sistema corporal. La noradrenalina estimula la contracción de los vasos pequeños. Los animales agresivos y predadores, como los leones, tienen altos niveles de noradrenalina; los conejos, presas de los depredadores, tienen más adrenalina.**
> **99**

Supongamos que algo nos asusta. ¿Cuál es la reacción fisiológica que se presenta? Sabemos que ocurren muchos cambios en el funcionamiento corporal. Las pupilas se dilatan, los párpados se elevan, el globo ocu-

lar sufre una cierta elevación, la respiración se hace más profunda, la velocidad del latido cardiaco aumenta y la presión arterial se eleva. Disminuye el volumen de la sangre que corresponde a los órganos internos, y aumenta el de las extremidades y los músculos; se eleva la cantidad de azúcar sanguínea, la digestión se detiene y el bazo vierte a la sangre mayor cantidad de células rojas para aportar oxígeno. Algunas funciones se detienen por la estimulación del sistema nervioso simpático, mientras que otras son aceleradas. Las glándulas suprarrenales secretan adrenalina y noradrenalina; también se incrementa el flujo sanguíneo hacia los músculos, lo cual provoca que los nutrientes que se almacenan allí se conviertan en glucosa. Estos efectos son los preparativos fisiológicos para la lucha, tal como los describió Cannon en 1932. Son como las prioridades típicas de una economía nacional en época de guerra, donde algunas funciones son más vitales que otras para la supervivencia. Por ejemplo, la digestión puede detenerse mientras que el volumen de sangre aumenta dirigiéndose a los músculos, pues si el animal no sobrevive huyendo o defendiéndose, habrá poca diferencia en el hecho de que haya o no haya digerido su última comida.

>
> El proceso de desarrollo emocional en el ser humano se completa en el seno de la familia. El enojo dirigido hacia fuera es más característico del desarrollo temprano que el enojo dirigido hacia uno mismo o la ansiedad.
> **99**

El sistema nervioso central controla los movimientos de los músculos voluntarios o estriados. El sistema nervioso autónomo o visceral controla los músculos lisos, tales como el intestino, los otros órganos internos y el músculo cardiaco. Los pulmones, el páncreas,

el corazón y el intestino están inervados por ambas ramas, simpática y parasimpática, el primero causa aceleración del trabajo y el otro provoca el efecto opuesto.

La adrenalina produce cambios fisiológicos en todo el sistema corporal. La noradrenalina estimula la contracción de los vasos pequeños. Los animales agresivos y predadores, como los leones, tienen altos niveles de noradrenalina; los conejos, presas de los depredadores, tienen más adrenalina. Los humanos nacen con la capacidad para reaccionar emocionalmente (tiene dentro el león y el conejo), pero sus experiencias tempranas determinarán cómo reaccionarán ante situaciones de urgencia. El proceso de desarrollo emocional en el ser humano se completa en el seno de la familia. El enojo dirigido hacia fuera es más característico del desarrollo temprano que el enojo dirigido hacia uno mismo o la ansiedad. Pacientes paranoides muestran niveles excesivos de noradrenalina mientras que pacientes deprimidos y ansiosos presentan niveles más altos de adrenalina.

Sin embargo, las respuestas emocionales pueden ser modificadas por la experiencia. Por ejemplo, es posible aprender que una situación específica resulta peligrosa o amenazante. Una vez que ocurre el aprendizaje, las personas se atemorizarán cuando se encuentren en esa misma situación: la tasa cardiaca y la presión sanguínea se incrementarán, los músculos se tensarán, las glándulas suprarrenales secretarán adrenalina y noradrenalina y entonces el sujeto procederá con cautela, alerta y listo para responder.

El estrés y la salud

La palabra "estrés" fue tomada de la ingeniería, en donde se refiere a la acción de las fuerzas físicas sobre las estructuras mecánicas. En

medicina, el estrés es un proceso físico, químico o emocional productor de una tensión que puede dar origen a una enfermedad.

Las respuestas emocionales están programadas para pelear o huir. Usualmente, una vez que se ha presentado la lucha contra un adversario o se ha huido de una situación peligrosa la amenaza termina y la condición fisiológica regresa a la normalidad. Sin embargo, cuando el estrés y la activación son continuos pueden producir daño severo a la salud. Por ejemplo, los sobrevivientes de los campos de concentración nazis presentaron una salud deficiente en relación con otras personas de la misma edad. Los conductores de trenes subterráneos que hieren o matan a una persona son más propensos a sufrir enfermedades psicosomáticas varios meses después. Los controladores de tráfico aéreo, en especial los de grandes aeropuertos con mucha probabilidad de accidentes, muestran una incidencia mayor de alta presión sanguínea que tiende a aumentar a medida que envejecen. Además, las personas expuestas constantemente a situaciones de estrés tienen más posibilidades de sufrir úlceras gástricas.

Otra hormona relacionada con el estrés es el cortisol, un esteroide secretado por la corteza adrenal. El cortisol es conocido como glucocorticoide porque tiene efectos sobre la glucosa, ayuda a que las grasas se conviertan en energía, aumenta el flujo sanguíneo y estimula las respuestas conductuales. Su acción prolongada, sin embargo, puede afectar la salud: hay aumento en la presión sanguínea, daño al tejido muscular, infertilidad, inhibición del crecimiento, incremento de las respuestas inflamatorias (por ejemplo, hace más difícil que las células sanen después de una herida) y supresión del sistema inmunológico (la persona se vuelve más vulnerable a las infecciones).

Tanto los médicos como el público general han reconocido que el estrés emocional puede producir enfermedades. La ansiedad y el estrés

pueden inducir problemas respiratorios y de la piel, provocar ataques de asma alérgicos y desempeñar un papel importante en ciertas afecciones cardiacas. De todos los sistemas corporales, el tracto gastrointestinal es uno de los más vulnerables al estrés emocional. Las preocupaciones, los miedos, los conflictos y la ansiedad de la vida cotidiana pueden producir trastornos gastrointestinales que van desde un estómago *nervioso* hasta las úlceras gástricas que con frecuencia padecen los ejecutivos. El estrés emocional produce úlceras debido a que incrementa la circulación de ácidos en el estómago.

Cuando el estrés se mantiene durante periodos largos, se producen cambios notables en la mucosa gástrica, unidos a un considerable aumento de acidez estomacal. Pacientes ulcerosos muestran elevación de ácido clorhídrico en el estómago.

Los efectos de estímulos estresantes, y situaciones que provocan miedo o ansiedad, dependen de las percepciones y la reacción emocional de cada individuo. Sabemos que muchas personas utilizan talismanes u otros objetos mágicos para evitar el peligro, ya que la ilusión de control les brinda seguridad. Hay que notar que existen diferencias individuales en la susceptibilidad al nivel de estrés.

> **66**
> **De todos los sistemas corporales, el tracto gastrointestinal es uno de los más vulnerables al estrés emocional. Las preocupaciones, los miedos, los conflictos y la ansiedad de la vida cotidiana pueden producir trastornos gastrointestinales que van desde un estómago *nervioso* hasta las úlceras gástricas que con frecuencia padecen los ejecutivos.**
> **99**

Enfermedades psicosomáticas

Los médicos saben que algunos pacientes con grandes posibilidades de recuperación abandonan la lucha y mueren, mientras que otros con serias lesiones orgánicas se recuperan o viven durante largo tiempo. Con frecuencia es más importante saber qué tipo de paciente tiene la enfermedad, que saber qué clase de enfermedad tiene el paciente. De cada dos pacientes que buscan atención médica uno tiene problemas relacionados con enfermedades mentales y emocionales. Esto no significa que no esté enfermo o que todo esté en su mente sino que los trastornos mentales y emocionales han contribuido a su enfermedad.

> **"**
> **Con frecuencia es más importante saber qué tipo de paciente tiene la enfermedad, que saber qué clase de enfermedad tiene el paciente. De cada dos pacientes que buscan atención médica uno tiene problemas relacionados con enfermedades mentales y emocionales.**
> **"**

En algunos casos los trastornos psicológicos producen síntomas somáticos que son imaginarios. En otros, el desajuste emocional contribuye a una enfermedad que es primariamente de naturaleza orgánica. En otros casos los problemas psicológicos producen enfermedades orgánicas genuinas.

Las enfermedades psicosomáticas son de naturaleza orgánica real, pero precipitadas por algún desajuste emocional crónico. El problema emocional es primario y el trastorno orgánico es el secundario. ¿Cómo sucede esto? Las emociones fuertes producen amplios cambios fisiológicos en todo el organismo. El sistema nervioso autónomo actúa para aumentar la frecuencia del latido cardiaco, la presión arterial y la respiración. En una persona normal, los estados emocionales fuertes pasan con rapidez y el cuerpo en forma gradual vuelve a la normalidad. Sin embargo, en otros casos la norma autónoma queda aumentada constantemente y los efectos fisiológicos de la emoción no ceden. Es como si la persona estuviera continuamente colérica, asustada o ansiosa. En los humanos ciertas normas de la actividad autónoma pueden permanecer incrementadas aun en ausencia del estímulo. Un gato sólo reacciona cuando ve al perro, pero el hombre puede simbolizar o representar los eventos en su conciencia. El ser humano no sólo reacciona ante los estímulos y eventos presentes sino que también los simboliza; por tanto, no necesita que el estímulo generador del miedo esté presente. Una idea o el recuerdo del estímulo pueden ser tan eficaces como el estímulo visible y concreto.

Existen diferentes tipos de reacciones psicosomáticas, como son:

- **Reacciones cutáneas.** Alergias, urticaria, etcétera.
- **Reacciones de los músculos esqueléticos.** Dolor de espalda, calambres musculares y reumatismo.
- **Reacciones respiratorias.** Asma, rinitis espástica y bronquitis a repetición.
- **Reacciones cardiovasculares.** Presión arterial elevada, dolor de cabeza de tipo migraña, taquicardias.
- **Reacciones sanguíneas y linfáticas.**
- **Reacciones gastrointestinales.** Úlcera duodenal, colitis, constipación, pérdida de apetito.
- **Reacciones genitourinarias.** Trastornos menstruales, micciones dolorosas, constricción dolorosa de la vagina, frigidez.
- **Reacciones endocrinas.** Aumento de la glándula tiroides, obesidad, trastornos de factores emocionales.
- **Reacciones del sistema nervioso.** Ansiedad, angustia, fatiga.

➠ Reacciones de los órganos de los sentidos. Conjuntivitis crónica.

Sin embargo, no todos estos trastornos resultan de situaciones emocionales crónicas. Las úlceras pueden ser resultado de alguna insuficiencia orgánica, el asma puede ser causada por una alergia bien definida, etcétera.

El tratamiento en general requiere apoyo emocional y cuidado físico. El tratamiento médico alivia temporalmente los síntomas, pero no la causa del conflicto emocional.

En muchos grupos humanos se ha demostrado lo que se conoce como *muerte por brujería*. Se trata de muertes repentinas y misteriosas, quizás determinadas por emociones muy intensas. Es decir, muertes psicológicamente producidas, causadas por una secreción continua de adrenalina. Los individuos *embrujados* presentan respiración agitada, pulso anormal y aumento de la frecuencia de los latidos del corazón, hasta que por fin mueren de insuficiencia cardiaca. Durante las guerras se dan casos de muertes

> **"**
> **En muchos grupos humanos se ha demostrado lo que se conoce como *muerte por brujería*. Se trata de muertes repentinas y misteriosas, quizás determinadas por emociones muy intensas. Es decir, muertes psicológicamente producidas, causadas por una secreción continua de adrenalina. Los individuos *embrujados* presentan respiración agitada, pulso anormal y aumento de la frecuencia de los latidos del corazón, hasta que por fin mueren de insuficiencia cardiaca.**
> **"**

Autoevaluación del estrés

Marca la frecuencia de cada uno de los síntomas que sentiste la semana pasada, incluso el día de hoy.

0 = Poco
1 = Algunas veces
2 = Con frecuencia
3 = Severamente

2

1. ¿Tienes dificultades para relajarte? ... *! ! 2*   **2**
2. ¿Te sientes inseguro? ... *! ! 1*
3. ¿Padeces oleadas de calor? ... *! 0 0*   **1**
4. ¿Sufres debilitamiento de las piernas? ... *0 0 0*   **0**
5. ¿Tienes sensación de ahogo? ... *0 0 0*   **0**
6. ¿Sientes miedo a perder el control? ... *! ! !*   **0**
7. ¿Presentas dificultad para respirar? ... *0 0 0*   **3**
8. ¿Tienes trastornos del sueño? ... *! ! 2*   **0**
9. ¿Sufres cambios constantes de humor o irritabilidad? ... *! 2 2*   **1**
10. ¿Sientes opresión en el pecho o latidos acelerados? *! 2 0*   **3**
11. ¿Padeces indigestión o malestar estomacal? ... *! 0 1*   **2**
12. ¿Tienes miedo a morir? ... *0 0 0*   **0**
13. ¿Presentas tensión en los hombros y el cuello? ... *! ! 2*   **3**
14. ¿Te levantas cansado? ... *0 ! !*   **2**

Total ...

17

repentinas de soldados que se encontraban sanos. Se sabe también de personas que fallecen a pesar de sólo tener heridas leves o haber ingerido dosis subletales de veneno. El estrés ante la supuesta muerte inminente es tan grande, que termina matando a la persona.

Se han realizado estudios sobre la influencia de eventos vitales estresantes y ataque cardiaco en pacientes con problemas coronarios. Se ha hallado que los pacientes coronarios no tienen una mayor frecuencia de sucesos estresantes. Sin embargo, los pacientes con problemas cardiacos se afectan más con los sucesos vitales estresantes y tienden a ser en general más ansiosos. La muerte cardiaca en muchos casos se debe a la influencia del sistema nervioso autónomo en los mecanismos que controlan los ritmos cardiacos.

Se ha propuesto la existencia de patrones de conducta llamados como tipo A y tipo B en el desarrollo y mantenimiento de la patología cardiaca. La conducta de tipo A se caracteriza por un excesivo impulso competitivo, impaciencia, hostilidad y aceleración en el habla y los movimientos. Para estos individuos la vida es frenética, agitada y excitante. En contraste, los patrones de conducta tipo B se caracterizan por

un estilo más relajado, con escasa evidencia de impulsos
énfasis en hacer las cosas rápidamente. Los individuos d
sentan incidencia y prevalencia de enfermedad cardiaca
tancialmente superiores a los individuos de tipo B. L
Tipo A revelan que la respuesta al estrés de su sistem
tico es más intensa que en los individuos de tipo B
presentan mayores niveles de adrenalina y norad

El llamado sistema inmunológico utiliza lo
se desarrollan en la médula ósea y la glándul
sujetos voluntarios que sufrieron
situaciones estresantes en su vida
diaria durante doce semanas. En
el periodo de tres a cinco días antes durante el cual se descubrieron
infecciones respiratorias, las personas experimentaron un aumento en el número de situaciones
indeseables y una reducción de
eventos deseables. Esto se debe a
una producción reducida de inmu-
noglobulinas que están presentes
en las mucosas nasales, nariz,
boca, garganta y pulmones, y que
sirven como la primera defensa
contra microorganismos e infec-
ciones que entran por la nariz y boca. Este efecto se asocia con el estado
de ánimo; es decir, cuando el sujeto está deprimido disminuyen sus
niveles de inmunoglobulina.

> **Tus emoci**
> **resultado de cómo **
> **interpretas tú mismo l**
> **cosas. Tú puedes escoger**
> **el modo de reaccionar a los**
> **eventos que suceden: con**
> **violencia o con**
> **tranquilidad. Evita**
> **reaccionar a tus**
> **pensamientos negativos en**
> **forma automática.**
> **99**

Algunos trucos para combatir el estrés

1. **Quiérete a ti mismo.** Incluye quererte y cuidarte tanto física como mentalmente. Es importante conservar la salud de tu cuerpo. Es necesario hacer ejercicio, alimentarse sanamente, meditar, cuidar y respetar las horas y rutina del sueño.

2. **Vive en el presente.** Disfruta cada momento. No realices actividades en el presente con la mente puesta en el futuro o en el pasado.

3. **Organízate.** Organiza tu tiempo y tu medio ambiente. Planea de antemano tus reuniones, actividades y rutinas cotidianas. Date tiempo para llegar a tus compromisos.

4. **Controla tus pensamientos.** Los sentimientos son resultado de pensamientos negativos distorsionados. Los pensamientos negativos nos hacen sentirnos atrapados y nos ocasionan reacciones físicas (opresión en el pecho, oleadas de calor, dificultad para respirar) y mentales (miedo a morir, miedo a perder el control, irritabilidad).

>
> **Los pensamientos negativos nos hacen sentirnos atrapados y nos ocasionan reacciones físicas.**
>

5. **Evita los pensamientos negativos.** Tus emociones son resultado de cómo ves e interpretas tú mismo las cosas. Tú puedes escoger el modo de reaccionar a los eventos que suceden: con violencia o con tranquilidad. Evita reaccionar a tus pensamientos negativos en forma automática.

178

6. **Ayuda a los demás.** Participar en actividades de voluntariado, ayudar a un amigo, participar en la escuela de tus hijos, etcétera, te ayudará a escapar de los pensamientos negativos y autodestructivos.

7. **Respeta la individualidad de los que te rodean.** Evita sentirte director o gerente de la vida y el trabajo de los demás. Delega responsabilidades y sólo supervisa, no intentes estar en todas las actividades al mismo tiempo.

8. **Ríete.** Trata de encontrar el lado jocoso a los problemas, esto te alejará un poco de ellos y te dará una nueva perspectiva.

9. **Mantén una red de apoyo social.** Los amigos y familiares son una fuente constante de apoyo. Recurre a ellos.

10. La **meditación**, los **masajes** y el **ejercicio físico** son técnicas probadas para controlar el estrés.

El olor del amor

CAPÍTULO 7

L A S   F E R O M O N A S

Las sustancias bioquímicas se utilizan para transmitir información dentro de los organismos y entre ellos. Estas sustancias,
que controlan la conducta de las células, los órganos e incluso
el organismo del animal en su totalidad, se clasifican en:

➠ Neurotransmisores, sustancias químicas liberadas entre las neuronas por los botones terminales.

➠ Neuromoduladores, sustancias liberadas por los botones terminales que viajan mayores distancias y se dispersan con más
amplitud.

➠ Hormonas, se producen en las células ubicadas en órganos especiales llamados glándulas endocrinas (del griego *endocrino*,
que significa "secreción interna"). Las glándulas endocrinas liberan sus hormonas, de la misma manera que las neuronas
liberan los neurotransmisores y los neuromoduladores. Las hormonas se distribuyen en el cuerpo por medio de la corriente
sanguínea. Las hormonas afectan funciones fisiológicas y conductuales al estimular los receptores apropiados contenidos en
las células objetivo. Por ejemplo, la testosterona, una hormona
sexual masculina, provoca el crecimiento del vello facial porque los folículos capilares en la cara contienen receptores de
testosterona. Cuando estos receptores se estimulan, activan el

crecimiento del vello. Las hormonas que afectan la conducta activan los receptores localizados en el cerebro, cambiando así el nivel de actividad de las neuronas contenidas en dichos receptores.

➡ Feromonas, señales químicas utilizadas como sistema de comunicación.

Feromonas: un vistazo al mundo animal

Las feromonas son señales químicas que sirven como sistema de comunicación olfativa. Estas sustancias, al igual que las hormonas, afectan la conducta reproductiva o la fisiología de otros miembros de la misma especie. Por ejemplo, las feromonas pueden atraer a parejas potenciales, excitarlas sexualmente, inhibir su agresión y alterar la actividad de su sistema endocrino.

La palabra feromona proviene del griego *pherein* (transportar) y hormona (excitar). Las feromonas son sustancias bioquímicas liberadas al entorno junto con el sudor, la orina o la secreción de glándulas especializadas, y afectan de manera directa la fisiología o conducta de otros individuos. La

> **"**
> Las feromonas son sustancias bioquímicas liberadas al entorno junto con el sudor, la orina o la secreción de glándulas especializadas, y afectan de manera directa la fisiología o conducta de otros individuos. La mayor parte de las feromonas son detectadas mediante el olfato, pero algunas son ingeridas o absorbidas por medio de la piel.
> **"**

mayor parte de las feromonas son detectadas mediante el olfato, pero algunas son ingeridas o absorbidas por medio de la piel. Son ejemplos de feromonas los olores procedentes de la orina o secreciones glandulares de muchos mamíferos que utilizan para marcar territorios o proporcionar información sobre su estatus reproductivo. Las feromonas sirven como guía para algunas especies de insectos como las hormigas. Algunas señales químicas liberadas por una especie afectan la conducta de otras. Las señales que proporcionan información de una especie a otra se denominan alomonas (hormona del otro). Éstas ayudan a intercambiar mensajes entre especies animales e incluso entre plantas y animales. Hay flores que atraen insectos y pájaros para que las polinicen. Algunas plantas producen agentes para interferir con la hormona del crecimiento de los insectos, evitando así los potenciales depredadores en que se convertirían si maduraran.

> **"**
> **Las feromonas que despide la abeja reina evitan la maduración sexual de otras abejas, garantizando el predominio de los genes de la abeja reina. Entre los peces las marcas de esencias liberadas por las hembras ocasionan que la cantidad de esperma se quintuplique.**
> **"**

Para los científicos las feromonas no son realmente algo nuevo. La primera observación acerca de la utilización de señales químicas en la comunicación animal se realizó en 1870 cuando el naturalista francés Jean Henri Fabre observó que las mariposas macho volaban muchos kilómetros para visitar a una hembra que el investigador tenía en su laboratorio. En 1930 los entomólogos notaron que la hembra de la mariposa atlas, cuyas larvas son los "gusanos de seda", emite mensajes químicos que pueden ser detectados por un insecto macho desde ocho kilómetros a la redonda. Descubrieron que las localizaban percibiendo su aroma del aire mediante antenas muy sensibles (las mariposas macho poseen 20 000 vellos en sus antenas para detectar los rastros químicos de las hembras). Una vez que se aisló la sustancia aromática se encontró que era muy potente y que era capaz de estimular a millones de polillas con menos de un trillonésimo de onza. Las feromonas que despide la abeja reina evitan la maduración sexual de otras abejas, garantizando el predominio de los genes de la abeja reina. Entre los peces las marcas de esencias liberadas por las hembras ocasionan que la cantidad de esperma se quintuplique. Cuando algunos anfibios son lesionados por un predador emiten compuestos para avisar a otros individuos de su especie que se alejen.

Muchos mamíferos delimitan su territorio mediante la orina, señal olfatoria que aleja a los intrusos. Los lobos emiten un potente afrodisiaco que estimula la ovulación de las hembras en 48 horas. Las hormigas señalan por medios químicos el camino a sus compañeras para que sepan dónde se encuentra el alimento. Las serpientes olfatean a las hembras receptivas. Las abejas obreras se mantienen inmaduras sexualmente mientras perciban el olor que producen los huevos de la abeja reina.

Cuando grupos de ratones hembras se alojan juntos, sus ciclos de estro se reducen y a la larga se detienen. El ciclo reproductor de los primates hembra se llama ciclo menstrual (de la palabra latina *menisis* que significa mes). Las hembras de las demás especies de mamíferos tienen ciclos reproductores llamados ciclo del estro o estral. *Estro* significa molestia. Cuando una rata está en estro, su condición hormonal la incita a actuar de modo diferente a como lo haría en otros momentos (en ese caso incita también a la rata macho a actuar diferente).

Los ciclos menstruales y estrales consisten en una secuencia de sucesos controlados por secreciones hormonales de la hipófisis y los ovarios. Si se intenta la cópula con una hembra fuera del estro ésta huirá o rechazará al macho. Pero si se encuentra en estado receptivo, se acercará al macho, lo acariciará, olerá sus genitales y mostrará conductas específicas de la especie. Por ejemplo, una rata hembra puede ejecutar saltos breves y rápidos, así como movimientos rápidos de las orejas, acciones que la mayoría de los machos encuentra *irresistible*. Si los grupos de hembras son expuestos al olor de un macho, o de su orina, comienzan de nuevo sus ciclos, los cuales tienden a sincronizarse.

Otro efecto de las feromonas puede ser la aceleración de la pubertad en un roedor hembra causada por un roedor macho. Ambos efectos son causados por una feromona presente sólo en la orina de machos adultos intactos; la orina de un macho joven o castrado no tiene efecto. Es decir, la producción de feromona requiere la presencia de testosterona.

Cuando un ratón hembra recién preñando encuentra un macho distinto de aquel con el cual copuló es muy probable que sufra una interrupción de la gestación. Este efecto también se provoca por la presencia de orina de machos intactos —pero no por la de aquellos que fueron castrados. Por tanto, el ratón macho que se encuentra con una hembra preñada puede destruir el material genético de otro macho y después impregnar a la hembra con el propio. Este fenómeno es ventajoso aun desde el punto de vista de la hembra. El hecho de que el nuevo macho se las haya arreglado para asumir el territorio del otro indica que tal vez sea más saludable y vigoroso, y por tanto sus genes contribuirán a la formación de crías con mayores probabilidades de sobrevivir.

Las feromonas ejercen ciertos efectos en la fisiología reproductiva de los machos. Por ejemplo, cuando ratones macho encuentran una nueva hembra (o su orina) experimentan un incremento de testosterona en la sangre. La detección de los olores se realiza por medio de los bulbos olfatorios que constituyen un sistema olfativo primario. Pero, al parecer, los efectos que tienen las feromonas sobre los ciclos reproductivos son mediados por otro órgano, el órgano vomeronasal, que consiste en un pequeño grupo de receptores sensoriales que rodean una bolsa conectada por un tubo a las paredes de las fosas nasales. El órgano vomeronasal está presente en todos los mamíferos excepto en los cetáceos (ballenas y delfines), se proyecta al bulbo olfatorio accesorio situado exactamente detrás del bulbo olfatorio. Tal vez el órgano vomeronasal no detecta moléculas transportadas por el aire, como lo hacen los bulbos olfatorios sino que, más bien, es sensible a compuestos no volátiles presentes en la orina u otras sustancias. El bulbo olfatorio accesorio envía sus axones a la amígdala, que a su vez se proyecta al área preóptica del hipotálamo anterior y al núcleo ventromedial del hipotálamo. Por tanto, el circuito nervioso es responsable de los efectos de estas feromonas. El área preóptica, la amígdala medial y el núcleo ventromedial del hipotálamo desempeñan papeles importantes en la conducta reproductiva.

> **66**
> **Las feromonas presentes en las secreciones vaginales de los hámster hembra estimulan las conductas sexuales de los machos. Éstos son atraídos por la secreción de las hembras y huelen y lamen los genitales de éstas antes de copular. De hecho, pudiera haber dos categorías de feromonas, unas que se detectan en el órgano vomeronasal y otras encontradas en el epitelio olfativo.**
> **99**

Además de tener efectos sobre la fisiología reproductiva las feromonas afectan la conducta en general. Por ejemplo, las feromonas presentes en las secreciones vaginales de los hámster hembra estimulan las conductas sexuales de los machos. Éstos son atraídos por la secreción de las hembras y huelen y lamen los genitales de éstas antes de copular. De hecho, pudiera haber dos categorías de feromonas, unas que se detectan en el órgano vomeronasal y otras encontradas en el epitelio olfativo. La conducta copulativa de los machos se interrumpe sólo si ambos sistemas se interrumpen.

En la conducta maternal el olor de las crías provoca una serie de cambios conductuales. Las ratas vírgenes son repelidas por el olor de las crías, pero si se anestesia el sistema olfativo accesorio (el órgano vomeronasal) se facilita la conducta maternal.

> **❝**
> Se observó que las mujeres que pasaban un tiempo regular en presencia de hombres tendían a tener ciclos más breves que aquellas que pasaban menos tiempos con hombres. McClintock asegura que existen pruebas científicas de la existencia de feromonas en humanos.
> **❞**

Sexo y sudor: ¿qué sucede en los humanos?

En los humanos ocurren diversos fenómenos relacionados con la presencia de feromonas. Anteriormente, la mayoría de los investigadores creían que el interior de la nariz humana no contenía un órgano vomeronasal y, por tanto, supusieron que todos los efectos de las

feromonas en los seres humanos involucraban al sistema olfativo principal. Sin embargo, un estudio reciente sugiere que el ser humano posee tal órgano. Dos cirujanos plásticos, Velasco y Mondragón (1991) examinaron las mucosas olfativas de 1000 pacientes durante reconstrucciones quirúrgicas de la nariz y reportaron la presencia del órgano vomeronasal en casi todos los casos.

El órgano vomeronasal llamado también órgano de Jacobson (cirujano danés, quien lo describió en los mamíferos en el siglo XIX) está localizado en la nariz, pero no pertenece al sistema olfativo. Está compuesto por un par de minúsculas fosas, de entre 0.2 y 2 milímetros de diámetro que se sitúan a ambos lados del tabique óseo y en donde se encuentran los receptores de feromonas.

Martha Mclintock, psicobióloga de la Universidad de Chicago, en 1971 realizó un estudio pionero en este campo. Estudió los ciclos menstruales de estudiantes que asistían a una universidad exclusiva para mujeres. Descubrió que las mujeres que pasaban mucho tiempo juntas tendían a tener ciclos sincronizados, sus periodos menstruales comenzaban con uno o dos días de diferencia entre sí. Asimismo, se observó que las mujeres que pasaban un tiempo regular en presencia de hombres tendían a tener ciclos más breves que aquellas que pasaban menos tiempos con hombres. McClintock asegura que existen pruebas científicas de la existencia de feromonas en humanos. Las feromonas desempeñan un papel en la respuesta fisiológica de los animales y, recientemente, mostró que algunas feromonas desempeñan un papel en el tiempo de la ovulación humana femenina. Concluyó que los humanos tienen el potencial de comunicarse mediante feromonas, ya sea utilizando partes no identificadas del sistema olfativo o quizás un sexto sentido con su propio y único camino. En 1998 publicó los resultados de una nueva investigación en la que estudió a 29 mujeres entre los

20 y 35 años que tenían una historia regular de ovulación espontánea. Recogió muestras de su liberación bioquímica de nueve de ellas en diferentes etapas del ciclo menstrual, para este fin colocó algodón en las axilas de las voluntarias. Las mujeres se habían bañado previamente sin utilizar productos perfumados y llevaron el algodón por lo menos ocho horas. Dividió cada algodón en cuatro secciones, las impregnó con alcohol y luego las congeló. Con estos pedazos, que sólo olían a alcohol, frotó debajo de la nariz a otras 20 mujeres, las cuales no se lavaron la cara durante seis horas. Encontró que los compuestos obtenidos de las mujeres en las fases tempranas de su ciclo acortaron el ciclo del segundo grupo, acelerando su etapa preovulatoria de la hormona luteinizante. En contraste, los compuestos obtenidos durante la ovulación, alargaron el ciclo menstrual retrasando la etapa luteinizante. La magnitud de la respuesta fue mayor que la variación del ciclo normal de ese grupo. Los ciclos, por una parte, se acortaron de 1 a 14 días y, por otro lado, se alargaron hasta 12 días. No se ha encontrado la manera en que las feromonas pueden activar los cambios del ciclo menstrual. Las muestras se colocaron en el labio superior, desconociéndose dónde se produce la acción química, si es a través de la piel, las membranas mucosas o el órgano vomeronsal. Esta investigación puede ayudar al desarrollo de anticonceptivos que retrasen la ovulación o a encontrar medicamentos que curen algunos tipos de infertilidad mediante estímulo de la ovulación.

Desde una perspectiva de supervivencia evolutiva, si uno es un animal, existen entonces pocas cosas tan valiosas como un buen sentido del olfato. En un mundo sin lenguaje como el de los animales irracionales, frecuentemente es el olor lo que informa si el extraño se encuentra de humor para aparearse o si se está preparando para atacar o huir.

¿Existen feromonas afrodisiacas en seres humanos?

En la piel tenemos tres tipos de glándulas: las sebáceas, las sudoríparas y las apocrinas. Las glándulas sebáceas son más abundantes en la cara y en la frente, pero también se localizan alrededor de las aperturas que tenemos en el cuerpo, incluyendo párpados, orejas, labios y pezones. La secreción de estas glándulas mata organismos potencialmente peligrosos. Asimismo, la grasa que contiene mantiene en buenas condiciones la piel y la protege del agua, aunque su activación también causa acné. No se sabe cuál es la contribución de estas glándulas al olor corporal humano. Las glándulas sudoríparas secretan agua y sal y no causan olor en personas sanas. Las glándulas apocrinas podrían ser la fuente del olor que afecta la interacción interpersonal. A diferencia de lo que sucede en los animales, no parecen tener una función en la regulación de la temperatura corporal; sin embargo, se encuentra una densa concentración en partes como las manos, las mejillas, en el cráneo, en la aréola del pecho y

> **"**
> Las glándulas apocrinas podrían ser la fuente del olor que afecta la interacción interpersonal. A diferencia de lo que sucede en los animales, no parecen tener una función en la regulación de la temperatura corporal; sin embargo, se encuentra una densa concentración en partes como las manos, las mejillas, en el cráneo, en la aréola del pecho y en general donde exista vellosidad.
> **"**

en general donde exista vellosidad. Se vuelven funcionales hasta la pubertad cuando empezamos a buscar pareja. Son más abundantes en el hombre que en la mujer, y su mayor actividad ocurre en periodos de nerviosismo y excitación. Las bacterias convierten la secreción de estas glándulas en olores desagradables. Es por la actividad de estas glándulas que el negocio de desodorantes y perfumes es tan próspero.

Las personas gastamos una gran cantidad de dinero en perfumes, maquillaje, champús, jaleas para el cabello, cremas para el acné y otras ayudas de belleza. Sin duda, también seríamos capaces de gastar mucho dinero en una sustancia química que fuera directo de la nariz al cerebro y despertara el amor pasional. Por desgracia para los fabricantes de perfumes, no existe evidencia de que existan feromonas de atractivo sexual en el ser humano. Durante algún tiempo se creyó descubrir una en los monos, pero después se encontró que el efecto era producido por algo diferente. En los primeros estudios, los investigadores descubrieron que extractos del flujo vaginal de los monos hembra, obtenidos durante la mitad de su periodo menstrual (cuando son más atractivas para los machos) servía como una feromona de atracción sexual. Si con esta sustancia se empapaba la vagina de otra hembra al principio o al final de su ciclo, el macho la

> 66
> Los olores de una persona determinada, por ejemplo el ser amado, pueden provocar excitación sexual, del mismo modo que el ver a esa persona o escuchar el sonido de su voz. Por lo general las personas no son conscientes del hecho, pero es posible aprender a reconocer a otras personas por el olor.
> 99

encontraría más atractiva. Sin embargo, resultó que la causa del fenómeno no eran las feromonas, en algunos casos el tratamiento simplemente proporcionaba un olor novedoso, lo que ocasionaba que el macho se diera cuenta de la existencia de la hembra. En otros casos el olor (aparentemente) recordaba al macho el olor de una de sus compañeras favoritas.

Aunque los perfumes fueron concebidos para aumentar la atracción sexual, ocultan el aroma natural del ser humano, y podría ser que también cubran o disminuyan el poder afrodisiaco de las feromonas, a pesar de que el olor que producen éstas es neutral. En la actualidad se conocen más de medio millón de sustancias olorosas y 1500 aceites etéreos, muchos de los cuales son usados en los negocios para crear una atmósfera que influya sobre el cliente, relajándole, motivándolo para quedarse en la tienda y despertándole, quizás, ganas de comprar.

Aunque las feromonas no despierten el amor romántico, algunos estudios han señalado que pueden afectar la conducta social de los humanos. En un experimento se pidió a compañeros universitarios, hombres y mujeres, que utilizaran collares durante la noche y que mantuvieran un registro de sus interacciones sociales al día siguiente. Algunos de los collares contenían androstenol, una sustancia que se encuentra en el sudor axilar del ser humano, especialmente en el de los hombres. Otros collares contenían una sustancia inerte que servía de control. El androstenol no tuvo efecto sobre las interacciones sociales de los hombres, pero las mujeres participaron en más interacciones cuando lo llevaban. Por tanto, el contacto con alguna sustancia producida por el hombre, tiene un efecto en la tendencia de la mujer a participar en interacciones sociales con el hombre. Este fenómeno tal vez sea regulado por el bulbo olfatorio principal, debido a que el órgano vomeronasal parece requerir un contacto directo con las sustancias químicas disueltas en los líquidos.

Los olores de una persona determinada como por ejemplo el ser amado, pueden provocar excitación sexual, del mismo modo que al ver a esa persona o escuchar el sonido de su voz. Por lo general las personas no son conscientes del hecho, pero es posible aprender a reconocer a otras personas por el olor. Por ejemplo, en otro estudio se encontró que las personas podían distinguir por el olor la camiseta que había utilizado la persona y el olor de la camiseta que había sido utilizada por otra. También podían decir si el propietario de la camiseta era hombre o mujer. Por tanto, es probable que se pueda aprender a disfrutar el atractivo de los olores característicos de sus compañeros. Pero este fenómeno es diferente del producido por la feromona que, en apariencia, no es necesario aprender.

Aprender a reconocer a los compañeros sexuales al principio por su olor es importante para una especie en donde el macho controla un grupo de hembras. En muchas especies de mamíferos si un macho se encuentra con una sola hembra copulará con ella varias veces, pero al cabo de un tiempo parecerá exhausto. Sin embargo, al encontrarse con otra hembra comenzará a responder de nuevo. Si se le presenta una serie de hembras nuevas, el desempeño sexual durará durante periodos más prolongados. Si se le presenta una hembra ya conocida, el macho no responderá.

El perfume del romance

El famoso psiquiatra Sigmund Freud escribió que al reprimir el sentido del olfato el ser humano ha reprimido su sexualidad. Nuestro propio cuerpo genera el más potente de los afrodisiacos. El olor corporal se deriva en gran parte de los fluidos desprendidos de las glándulas sudoríparas que los humanos tienen en las axilas, alrededor de los pezones y en las ingles. Cada uno de nosotros posee además una marca odorífica particular, como si se tratara de una huella dactilar.

Este carácter excitante de los aromas personales es conocido desde la antigüedad. El órgano del olfato, la nariz, desempeña un papel importante en el amor. Si no nos gusta el olor de una persona tendemos a rechazarla. Sin embargo, una vez que nos acostumbramos al perfume del otro, éste actúa como un estimulante y permite que continúe la relación. La antropología contempla casos curiosos del folklore de los distintos pueblos como es el caso de las costumbres de las muchachas inglesas del siglo XVII de dar a oler al pretendiente una manzana pelada que previamente se habían colocado un buen rato debajo de sus axilas. El escritor Luis Thomas atribuía su éxito con las mujeres a que impregnaba su pañuelo con olor a axila. No es sorprendente que el olor dispare lo que algunas veces se describe como "las memorias más poderosas". El nervio olfatorio está a sólo dos conexiones nerviosas o sinapsis de la amígdala, centro de las emociones y únicamente a tres sinapsis del hipocampo, estructura que almacena las memorias.

> **"**
> La antropología contempla casos curiosos del folklore de los distintos pueblos como es el caso de las costumbres de las muchachas inglesas del siglo XVII de dar a oler al pretendiente una manzana pelada que previamente se habían colocado un buen rato debajo de sus axilas.
> **"**

Durante la ovulación la mujer tiene más sensibilidad para captar las fragancias sexuales que desprenden humanos y animales. Sin embargo no se ha observado la misma receptividad de los hombres a las feromonas femeninas; a los varones, en general les resultan más atrayentes las mujeres antes de la ovulación, y menos durante la menstruación.

En una investigación realizada por el doctor Claus Wedekind de la Universidad de Berna, Suiza, pidió a 100 hombres que llevaran una camiseta puesta dos días y dos noches. Además les dio jabón y loción de afeitar inodora para que no interfiriera con los olores naturales. La idea está inspirada en una experiencia con ratones donde se muestra que prefieren aparearse con compañeros que posean un sistema inmunológico lo más diferente posible al suyo. Esta preferencia se halla grabada en los genes que regulan el llamado sistema de histocompatibilidad mayor y se encarga de producir moléculas que ayudan al organismo a detectar y destruir células extrañas. Tras colocar las camisetas en cajas abiertas, se las dio a oler a 49 mujeres, cada una tenía que oler siete cajas: tres con camisetas que habían llevado hombres inmunológicamente parecidos, otras tres con camisetas de varones inmunológicamente diferentes, y la séptima con una camiseta limpia para control. Las mujeres examinaron las camisetas alrededor de su etapa de ovulación (que es cuando el sentido del olfato se intensifica). El experimento dio como resultado que las mujeres prefirieran las camisetas de hom-

> **66**
> **Las parejas que nos parecen atractivas huelen mejor. Un grupo de hombres calificó el atractivo de las caras femeninas y les dieron a oler a otro grupo de hombres camisetas que habían llevado estas mujeres durante tres noches seguidas; los olores más eróticos coincidieron con las caras más atractivas.**
> **99**

bres inmunológicamente diferentes, pues les recordaban a novios actuales o pasados. En cambio las camisetas de varones inmunológicamente semejantes les evocaban a sus padres o hermanos. Estos estudios sugieren que las feromonas transmiten al inconsciente información importante del sistema inmunológico. Si este sistema es idéntico entre hombre y mujer, ambos se rechazan, mientras que cuando es diferente la pareja se sentirá atraída porque reciben la señal de que sus eventuales hijos tendrán más anticuerpos.

Este estudio también descubrió que las mujeres que se encontraban tomando anticonceptivos (los cuales impiden la concepción engañando al organismo y "haciendo pensar" a la mujer que está embarazada), reportaron preferencias invertidas, seleccionando como más atractivos los olores que les recordaban a padres y hermanos.

En otro estudio se encontró que las estrategias de emparejamiento de los hombres y de las mujeres son diferentes. Las parejas que nos parecen atractivas huelen mejor. Un grupo de hombres calificó el atractivo de las caras femeninas y les dieron a oler a otro grupo de hombres camisetas que habían llevado estas mujeres durante tres noches seguidas; los olores más eróticos coincidieron con las caras más atractivas. En las mujeres fue diferente: entre más atractiva era una cara masculina menos erótico era su olor.

En resumen, hay una serie de hechos repetidamente comprobados que induce a pensar que en los humanos existe un mecanismo de comunicación que no es consciente, lo cual puede resumirse de la siguiente manera:

➠ Cuando varias mujeres viven juntas sus fechas de menstruación tienden a sincronizarse.

➠ Las mujeres que duermen con un hombre al menos una noche a la semana tienen periodos menstruales más regulares

> ➡ Algunas mujeres con escasas o nulas relaciones sexuales y con problemas menstruales regulan su ciclo tras oler durante varias semanas muestras de sudor axilar de hombres.
>
> ➡ Los niveles de hormona masculina, la testosterona, suben cuando se le da al hombre sustancias vaginales llamadas capulinas, producidas durante la ovulación.

Esta comunicación bioquímica tiene sus efectos entre personas a más corta distancia que entre los animales. Aparentemente, cierto contacto físico es indispensable para la transmisión de las feromonas. Nuestra superficie de contacto posee entre 15 000 y 20 000 centímetros cuadrados de piel repletos de nervios, vasos sanguíneos y glándulas secretoras. Si la piel es nuestra fábrica de feromonas, el sudor es su vehículo, como han demostrado los experimentos de Mclintock, que consiguió sincronizar el ciclo menstrual de varias mujeres que no convivían juntas con sólo exponerlas a un extracto de sudor de las demás.

Aunque aún no se han identificado las sustancias responsables, si se sabe que las ratas se comunican con al menos 35 feromonas diferentes. El ser humano debe tener muchísimas más, con efectos no sólo sobre la atracción sexual, sino también sobre las emociones, el estado de ánimo y otros rasgos del comportamiento humano. Es interesante señalar que cuando se estimula el órgano vomeronasal los sujetos no reportan experimentar olores, sino una sensación de "bienestar y calidez".

El conocimiento de la acción de las feromonas en humanos tiene aplicaciones médicas potenciales. Hay empresas farmacéuticas que sintetizan feromonas con efectos terapéuticos. Por ejemplo, han elaborado unas para el tratamiento del síndrome premenstrual, otras que bajan los niveles de testosterona y se van a ensayar para el tratamiento de cáncer de próstata, otras que actúan como relajante para disminuir los ataques de pánico; otras más como anticonceptivos, para tratar la impotencia y algunas enfermedades hormonales. Su aplicación directa en los receptores nasales garantiza un efecto inmediato y muy útil, por ejemplo en un ataque de pánico y evita sobredosificación e intoxicación ya que ante un exceso de feromonas, los receptores se saturan.

Si los signos vitales volátiles o feromonas son usados en el mundo animal para cuestiones tan vitales como indicar dónde está el alimento, alertar de un peligro, atacar o iniciar la huida, marcar el territorio, identificar a las crías o comunicar que están ovulando. ¿Tendremos algo parecido los humanos? Todavía no es claro; sin embargo, si la evolución preserva los mecanismos que funcionan, y es evidente que

> **66**
> **Si los signos vitales volátiles o feromonas son usados en el mundo animal para cuestiones tan vitales como indicar dónde está el alimento, alertar de un peligro, atacar o iniciar la huida, marcar el territorio, identificar a las crías o comunicar que están ovulando. ¿Tendremos algo parecido los humanos?**
> **99**

las feromonas funcionan, dotando de un sexto sentido a animales de especies tan distintas como las abejas, la rata o el elefante, ¿por qué no habría de tenerlo el *Homo sapiens*?

Algo más que los pelos de punta

CAPÍTULO 8

MECANISMOS NEUROBIOLÓGICOS DEL MIEDO

A través de los años las personas adquieren un gran repertorio de habilidades para enfrentarse a situaciones que les provocan miedo y temor. Intentamos aplacar a un jefe enojado y huimos cuando somos perseguidos por un asaltante. Sin embargo, algunos individuos se sobresaltarían en circunstancias que otros considerarían poco angustiantes. El miedo al ridículo puede causar en algunas personas un temor incontrolable, casi pánico, cuando se les pide que hablen en público. Algunos temen tanto a los extraños que prefieren quedarse encerrados en sus casas, incapaces de salir a la calle o de trabajar. ¿Cómo se generan estos miedos excesivos?

Las neurociencias han investigado los procesos cerebrales que regulan el miedo. Este conocimiento ayudará a identificar cuáles son los procesos cerebrales asociados con ansiedad desorganizada así como a diseñar terapias para manejarlas.

El miedo es un sistema ancestral de alarma que ayuda a prevenir y evitar los peligros. Es una reacción natural presente en todos los animales; un mecanismo defensivo y de supervivencia que se genera en situaciones que ponen en peligro su vida. La angustia y el miedo constituyen mecanismos de alerta que anuncian los peligros y permiten al ser humano tomar medidas para protegerse de ellos. Así, por ejemplo, cuando una persona se enfrenta a una amenaza desarrolla una sensación que lo prepara para alejarse de la fuente del miedo o bien para atacar, defenderse y luchar. Aparecen entonces algunos síntomas fisiológicos asociados. El miedo también puede generar frustración y conductas agresivas, en especial cuando no podemos reaccionar. Además, fisiológicamente, las zonas cerebrales que intervienen en estas conductas se encuentran interconectadas de forma estrecha.

La sensación de luchar, huir y proteger se relaciona con una zona en el cerebro que es la amígdala (núcleo subcortical en el sistema límbico) *(véase ilustración 2)*. La amígdala es un generador central de estados mentales que evolucionaron para ayudar a sobrevivir en condiciones amenazantes. Si se estimula una parte de la amígdala tenemos reacciones de miedo, sensación de pánico combinado con huida; si se estimula otra zona se siente tranquilidad; con otra diferente sentimos ira. Si no podemos huir, se extiende la sensación temerosa y se desencadena el enojo y la necesidad de atacar.

Ciertos temores vienen impresos en nuestra herencia biológica (genética). Existen miedos primordiales innatos, es decir, no son aprendidos, por ejemplo el miedo a ciertos animales como serpientes, arañas y roedores. Los objetos o fobias más comunes están asociados con aquellos suce-

> **66**
> **Los objetos o fobias más comunes están asociados con aquellos sucesos y objetos capaces de producirnos daño y ante los cuales nuestros antepasados aprendieron a reaccionar. Asimismo, es útil, desde el punto de vista de la supervivencia, el miedo a los daños físicos, porque influye en nuestra posibilidad de seguir existiendo, mientras que el miedo a la separación permite retener a los niños no muy lejos de sus celosas madres.**
> **99**

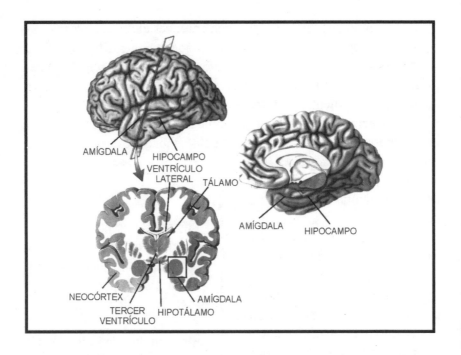

sos y objetos capaces de producirnos daño y ante los cuales nuestros antepasados aprendieron a reaccionar. Asimismo, es útil, desde el punto de vista de la supervivencia, el miedo a los daños físicos, porque influye en nuestra posibilidad de seguir existiendo, mientras que el miedo a la separación permite retener a los niños no muy lejos de sus celosas madres.

Estos miedos naturales no son fobias. Una vez que reconocemos que la serpiente y la araña no son peligrosas podemos controlar nuestro miedo. Las personas fóbicas, sin embargo, no pueden controlar su miedo. Sus temores están más allá del control consciente. Los especialistas clasifican los miedos de tipo anormal en:

➠ Fobias, el terror a objetos y situaciones que no constituyen una amenaza física real, y

➠ Crisis de pánico, un fuerte estallido de terror acompañado de falta de aliento, sensación de ahogamiento, mareos, taquicardia, temblores, sudoración excesiva, temor a volverse loco e incluso a morir debido a una falla cardiaca u otra dolencia.

Las emociones primarias como el miedo, no requieren conciencia o crítica de la situación. Pueden hacer que una persona se aleje o se acerque en ausencia de una voluntad consciente o acción planeada. Por el contrario, las fobias no tienen un valor de supervivencia.

El miedo a lo largo de la vida

Es importante saber que a lo largo de la vida, las personas experimentan diferentes miedos en distinto grado, los cuales logran vencer con el paso del tiempo. Lo que se siente como amenazante y terrible a una edad determinada, puede ser normal a otra edad diferente. Por ejemplo, durante el primer año de vida existe el miedo a estímulos intensos y desconocidos (ruidos, dolores). A la edad de dos a cuatro años son comunes los temores a los animales y a las tormentas. Alrededor de los cinco y los seis años de edad se observa el temor a la oscuridad, las catástrofes, los seres imaginarios (fantasmas, monstruos, brujas) y a la separación de los padres. Hacia los siete a nueve años de edad predomina el temor al ridículo y el miedo al daño físico. Entre los 10 y 12 años de edad sobresalen los temores al fracaso escolar, a los accidentes, a las enfermedades y a los conflictos familiares. Los adolescentes (13 a 18 años) muestran un miedo muy intenso a la pérdida de la autoestima y al fracaso en las relaciones sociales. Después de los 18 años es frecuente que permanezca el temor a los animales, a la sangre, a las heridas y a la muerte.

¿Qué es la ansiedad?

La ansiedad es sinónimo de angustia. Se puede definir como un desasosiego que incluye agitación, inquietud, zozobra, tensión, cuyo origen es indefinido, es decir carece de una fuente u origen externo. En el caso de existir un origen real, que pertenezca al mundo exterior, se habla entonces de miedo. Cuando es desproporcionado o exagerado se le denomina fobia.

La ansiedad es una condición natural. En el ámbito biológico es considerada como un estado de activación que nos mantiene muy alertas y es, además, un elemento clave para la supervivencia del individuo. En la vida cotidiana puede ser un factor importante para el éxito o fracaso, felicidad o infelicidad del individuo.

Existe una alta proporción de trastornos de ansiedad, y la comprensión del mecanismo del miedo puede ayudar a entender de dónde emergen estos trastornos de la ansiedad, cómo tratarlos y prevenir su aparición.

La ansiedad y el miedo están muy relacionados. Ambos son reacciones ante situaciones de riesgo o potencialmente peligrosas o dañinas. La ansiedad se distingue del miedo porque no existe un estímulo externo que provoque esta reacción, la ansiedad viene de nuestro interior, causando miedo del mundo externo. Así, por ejemplo, ver a una serpiente produce miedo, pero el recuerdo de una experiencia desagradable con uno de esos animales o la anticipación de que nos podemos encontrar una víbora son condiciones que generan ansiedad.

La ansiedad también ha sido descrita como un miedo no resuelto. Así, por ejemplo, el miedo se relaciona con los actos de escapar y de evitar la situación amenazante. Cuando estas acciones son frustradas, el miedo se convierte en ansiedad.

El miedo y la ansiedad son reacciones normales al peligro (real o imaginario) y por sí mismas no son condiciones patológicas. Cuando el miedo y la ansiedad son más recurrentes y persistentes que lo razonable bajo las circunstancias comunes, y cuando impiden la vida normal, entonces se puede decir que existen los trastornos del miedo y la ansiedad.

Trastornos del miedo y la ansiedad

Los trastornos del miedo y la ansiedad se han clasificado en: fobias, estrés postraumático, trastornos obsesivo-compulsivos y ansiedad generalizada.

Las características de estos trastornos son un intenso sentimiento de ansiedad y la necesidad de evitar las situaciones que puedan provocar estos sentimientos.

> **"**
> **El miedo y la ansiedad son reacciones normales al peligro (real o imaginario) y por sí mismas no son condiciones patológicas. Cuando el miedo y la ansiedad son más recurrentes y persistentes que lo razonable bajo las circunstancias comunes, y cuando impiden la vida normal, entonces se puede decir que existen los trastornos del miedo y la ansiedad.**
> **"**

➡ **Las fobias** se relacionan con estímulos o situaciones específicas que no están en proporción con la amenaza real. La exposición al

objeto o situación de fobia provoca una situación profunda de ansiedad. Las personas van a pasar por grandes cuidados para evitar esta situación.

 Los ataques de pánico involucran periodos discretos de una ansiedad intensa. La persona siente que se sofoca, en contraste con las fobias los ataques no son predecibles y, con frecuencia, no están relacionados con un estímulo o una situación particular.

Algunas veces el pánico se acompaña por agorafobia. Es la fobia más grave y la más común entre las personas que buscan tratamiento; por lo general se expresa como una incapacidad para salir de casa, permanecer en lugares con los que no están familiarizados, como teatros o grandes almacenes, conducir o viajar en autobús o en tren. En casos extremos conduce a un aislamiento total.

 El estrés postraumático involucra una ansiedad severa provocada por un estímulo que estuvo presente durante un trauma o que está relacionado con un estímulo ocurrido durante los traumas comunes en veteranos de guerra y en víctimas de abuso físico o sexual o que se han visto

> **66**
> **Algunas veces el pánico se acompaña por agorafobia. Es la fobia más grave y la más común entre las personas que buscan tratamiento; por lo general se expresa como una incapacidad para salir de casa, permanecer en lugares con los que no están familiarizados, como teatros o grandes almacenes, conducir o viajar en autobús o en tren.**
> **99**

involucrados en un desastre natural. Se evitan situaciones o pensamientos que le puedan recordar el trauma a la persona.

➠ **Los trastornos obsesivo-compulsivos** involucran pensamientos intrusivos, repetitivos y persistentes o conductas repetitivas ejecutadas en una forma muy precisa en respuesta a pensamientos obsesivos. Las conductas obsesivas neutralizan supuestamente la ansiedad, pero en general no están relacionadas con la situación o son excesivas en relación con la situación que intentan neutralizar.

➠ **La ansiedad generalizada** es una ansiedad que flota en forma libre, una preocupación excesiva acerca de cosas no relacionadas durante un periodo largo.

Es necesario establecer una relación entre el tipo de ansiedad y la personalidad del sujeto que lo experimenta. Si es una persona que no sólo se preocupa con facilidad y por todo, sino que además tiene tendencias a desarrollar dependencias (hacia las drogas, personas, objetos, etcétera) el tratamiento con tranquilizantes puede resultar contraproducente. Los tranquilizantes no curan el padecimiento ni atacan de modo directo la causa, sólo producen alivio de los síntomas. Su uso debe ser durante periodos breves y con un control médico permanente.

¿Qué es lo que convierte un miedo en una fobia?

La raíz de las fobias se encuentra en el condicionamiento. Son respuestas automáticas que han sido condicionadas por alguna experiencia, que muchas veces el sujeto no recuerda.

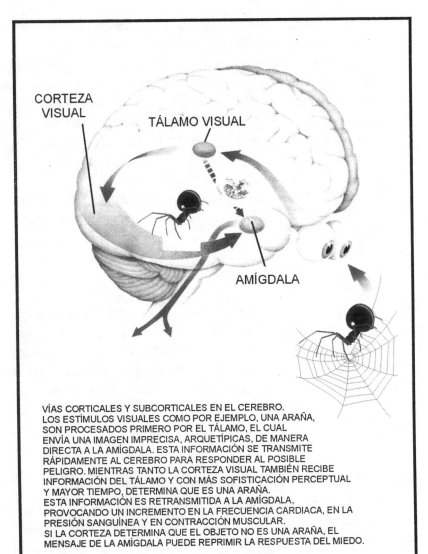

CORTEZA VISUAL

TÁLAMO VISUAL

AMÍGDALA

VÍAS CORTICALES Y SUBCORTICALES EN EL CEREBRO.
LOS ESTÍMULOS VISUALES COMO POR EJEMPLO, UNA ARAÑA,
SON PROCESADOS PRIMERO POR EL TÁLAMO, EL CUAL
ENVÍA UNA IMAGEN IMPRECISA, ARQUETÍPICAS, DE MANERA
DIRECTA A LA AMÍGDALA. ESTA INFORMACIÓN SE TRANSMITE
RÁPIDAMENTE AL CEREBRO PARA RESPONDER AL POSIBLE
PELIGRO. MIENTRAS TANTO LA CORTEZA VISUAL TAMBIÉN RECIBE
INFORMACIÓN DEL TÁLAMO Y CON MÁS SOFISTICACIÓN PERCEPTUAL
Y MAYOR TIEMPO, DETERMINA QUE ES UNA ARAÑA.
ESTA INFORMACIÓN ES RETRANSMITIDA A LA AMÍGDALA,
PROVOCANDO UN INCREMENTO EN LA FRECUENCIA CARDIACA, EN LA
PRESIÓN SANGUÍNEA Y EN CONTRACCIÓN MUSCULAR.
SI LA CORTEZA DETERMINA QUE EL OBJETO NO ES UNA ARAÑA, EL
MENSAJE DE LA AMÍGDALA PUEDE REPRIMIR LA RESPUESTA DEL MIEDO.

¿Qué sucede en el cerebro cuando tenemos miedo?

Para entender lo que sucede en el sistema nervioso es necesario observar lo que pasa cuando alguna información, potencialmente peligrosa, entra al cerebro.

Al principio la información proviene de los sentidos, va primero al tálamo donde es procesada y enviada hacia la corteza para su reconocimiento. En el caso de estímulos emocionales, por ejemplo, la vista de una araña en el pasto, la información se divide y se envía por medio de dos vías diferentes. Ambas vías o caminos terminan en la llamada amígdala, situada en el sistema de alarma del cerebro y en el generador de respuestas emocionales. Las rutas tomadas son diferentes *(véase ilustración 3)*.

La primera vía se dirige hacia la corteza visual en la parte posterior del cerebro donde se analiza el estímulo y se logra un reconocimiento perceptual. En una primera etapa es sólo información fragmentaria concerniente a las características físicas del estímulo —un objeto pequeño, con muchas patas, color negro—. Durante el paso siguiente las partes de reconocimiento del cerebro se ponen a trabajar, decidiendo qué cosa es este objeto pequeño que se mueve. La información es ahora identificada o etiquetada como una araña. De la memoria a largo plazo se extraen los conocimientos que poseemos sobre lo que son las arañas. Estos elementos se suman para crear un mensaje: "araña, aquí, ahora, peligro" (o algo parecido). Esto se envía a la amígdala, la cual prepara al cuerpo para la acción.

Esta vía es larga, con diferentes relevos y pasos. Dada la urgencia de la situación, sería peligrosa por su lentitud. Se necesita un sistema de respuesta rápido. Éste es aportado por una segunda vía que surge del tálamo. El tálamo se encuentra cerca de la amígdala, con la que se une

por una banda gruesa de tejido neuronal. La amígdala, a su vez, está conectada de forma estrecha con el hipotálamo que controla la respuesta corporal de luchar o escapar. Estas conexiones forman lo que Joseph LeDoux, neurobiólogo que ha investigado los mecanismos del miedo, denominó una vía rápida pero turbia, a través de la cual puede viajar información de los ojos al cuerpo en fracciones de segundo.

El miedo condicionado parece formarse basándose en la información que toma esta vía corta. La mayor parte de nuestras memorias son en un principio codificadas por una región tal vez pequeña pero muy importante del sistema límbico llamado hipocampo. Aquí es donde todas las memorias recientes conscientes son almacenadas y donde aquellas que están destinadas a quedar como permanentes se envían a la memoria a largo plazo. Esto toma mucho tiempo, y hasta se ha propuesto que puede tardar tres años para que un recuerdo se codifique de manera definitiva en el almacenamiento de memoria a largo plazo. Las personas que han sufrido daño en el hipocampo no pueden recordar nada de su pasado inmediato ni colocar nada nuevo en su memoria.

Sin embargo, el hipocampo no es responsable de todas las adquisiciones de todos los recuerdos conscientes que poseemos. Existe un caso muy famoso de una mujer que tenía un daño muy severo en el hipocampo y no podía recordar nada ni a nadie por más de unos segundos. Cada vez que veía a su médico se lo tenían que presentar de nuevo. Usualmente el médico le apretaba la mano. Un día escondió un alfiler y cuando la mujer le apretó la mano recibió un fuerte piquete. Al parecer olvidó todo después de unos segundos, pero la siguiente ocasión, de nuevo no reconoció a su médico, pero en esta ocasión se negó a apretarle la mano. No pudo explicar el porqué; sólo tenía miedo de hacerlo. Es posible que, en algún nivel, el piquete hubiera dejado una impresión duradera.

Investigaciones recientes sugieren que los recuerdos inconscientes como estos se encuentran almacenados en la amígdala cerebral, un área que no se pensaba que participara en el almacenamiento de los recuerdos. De acuerdo con LeDoux, la amígdala guarda los recuerdos inconscientes de la misma manera que el hipocampo guarda los recuerdos conscientes. Cuando el sistema del hipocampo recupera un recuerdo, la amígdala produce el recuerdo físico, reconstruye el estado corporal, bombea sangre, produce palmas sudorosas, etcétera, tal como surgieron con la experiencia original.

Si el recuerdo es almacenado en la amígdala con suficiente fuerza, desencadenará reacciones corporales sin control, tan dramáticas que la persona puede volver a experimentar el trauma que lo causó, con toda la respuesta sensorial. Esta condición, conocida como *estrés post-traumático*. Se halla ligada a una experiencia particular y también con casi todos los recuerdos que nos asustan. Algunas veces, los recuerdos inconscientes de la amígdala emergen en una evocación consciente que los

> **"**
> **Algunas veces, los recuerdos inconscientes de la amígdala emergen en una evocación consciente que los puede asociar con un suceso específico. El miedo irracional que se experimenta, puede ser vago, una nube de ansiedad o un repentino e intenso ataque de pánico.**
> **"**

puede asociar con un suceso específico. El miedo irracional que se experimenta, puede ser vago, una nube de ansiedad o un repentino e intenso ataque de pánico. Si el sentimiento se provoca por una estímulo consciente, se puede manifestar como una fobia. Los recuerdos emocionales inconscientes, por lo general, se forman durante sucesos de gran tensión y afectan también el procesamiento de los recuerdos conscientes.

Durante un trauma la atención está enfocada y todo lo que sucede será motivo de tensión, ya sea relevante o incidental y será colocado en la memoria como un destello. Sin embargo, si el trauma es muy severo o prolongado, las hormonas que se producen durante el estrés pueden inhibirlo. El recuerdo consciente de un acontecimiento traumático o un periodo en la vida de una persona es probable que se encuentren incompletos o fragmentados. Cuando nos afecta un estimulo físico o emocional, nuestro cerebro inicia una cascada de respuestas que culmina con la liberación de glucocorticoides. Son una parte esencial de la respuesta a la tensión. Ayudan a movilizar energía cuando se necesita incrementar la actividad cardiovascular y a disminuir los procesos que necesitan ser inhibidos durante una crisis fisiológica. Sin embargo, los glucocorticoides son necesarios pero también representan un peligro, ya que la exposición excesiva a los glucocorticoides puede producir daños en las neuronas. La región cerebral más susceptible al daño es el hipocampo.

> **66**
> **Se puede explicar por qué las personas a veces no tienen recuerdos conscientes de una parte crucial de una experiencia terrorífica. Alguien que es encañonado con una pistola, por ejemplo, puede recordar con precisión cómo era la pistola, pero no recordar la cara del asaltante. Después puede ocurrir que por algún motivo desarrolló una aversión a las barbas, a la nariz aguileña o a los ojos azules.**
> **99**

Esto tiene implicaciones para el síndrome de los recuerdos fragmentarios. Se puede explicar por qué las personas a veces no tienen recuerdos conscientes de una parte crucial de una experiencia terrorífica. Alguien que es encañonado con una pistola, por ejemplo, puede recordar con precisión cómo era la pistola, pero no recordar la cara del asaltante. Después puede ocurrir que por algún motivo desarrolló una aversión a las barbas, a la nariz aguileña o a los ojos azules. Características, que a pesar de no saberlo, corresponden a su verdugo.

LeDoux ha demostrado que un estímulo que induce miedo no tiene que registrase en forma consciente. Realizó experimentos en los cuales se emitía un sonido específico al mismo tiempo que se le aplicaba un leve choque eléctrico a una rata. Después de unos cuantos ensayos, el animal, fiel al condicionamiento pavloviano, mostraba miedo ante el sonido aunque no estuviera acompañado del choque. LeDoux removió la corteza auditiva de la rata, la parte del cerebro del animal que escucha, dejando el resto del mecanismo auditivo, oídos, etcétera, intactos. Una operación equivalente en humanos dejaría sin conciencia de lo escuchado. Cuando la rata se recuperó de la operación, le hicieron oír de nuevo el mismo sonido. La rata no podía oír, pero exhibía miedo. El tono era registrado en el tálamo y en la amígdala, creando una reacción emocional a pesar de que el animal no sabía a lo que estaba reaccionando.

Es fácil deducir de estos experimentos cómo se crean miedos y fobias irracionales. También se deduce que se vuelven más problemáticos en momentos de tensión, precisamente cuando la amígdala es excitada por hormonas que circulan durante la tensión. Esta misma sobreexcitación podría explicar por qué las personas con fobias desarrollan otros miedos irracionales cuando están ansiosas o tensas crónicamente. LeDoux llama turbia (y rápida) a esta vía corta a la amígdala porque sólo procesa información muy cruda. Sus ratas sordas no distinguían entre el sonido que inducía miedo y otros sonidos similares. En la misma forma, los recuerdos almacenadas y evocados en la amígdala son menos precisos que los procesados por el hipocampo, y un miedo se mezcla fácilmente con otro cuando las hormonas producidas por la tensión excitan frenéticamente a la amígdala.

El temor en los niños

Los niños no pueden controlar bien sus emociones porque los axones que envían señales de la corteza al sistema límbico no han crecido del todo, y las células en el lóbulo prefrontal, donde el procesamiento racional tiene lugar, no maduran hasta la adolescencia. La amígdala, en contraste, se halla más madura en el nacimiento y es capaz de una actividad completa. El cerebro del bebé está poco balanceado; la amígdala y la corteza no han madurado igual. La madurez cortical se puede acelerar en niños en quienes se desea controlar sus berrinches. Los niños que no activan los centros de control cerebrales se convierten en adultos poco controlados porque las partes necesarias del cerebro no se nutren durante periodos críticos de desarrollo. Se sabe que los niños que se desarrollan sin afecto y sin control emocional crecen con profundos problemas emocionales y sociales. Sus cerebros muestran alteraciones funcionales en los centros de control emocional. Existe una pequeño lapso durante el desarrollo infantil que incidirá para que sean normales en lo emocional durante la adultez. La interacción cercana entre las madres y sus hijos es necesaria para mantener un funcionamiento normal de la amígdala.

¿Cómo se tratan los miedos irracionales?

Cuando el cerebro fracasa en el reconocimiento de lo amenazante, la realidad se convierte en incontrolable y por consiguiente es insegura y amenazante. En tales circunstancias, no es posible organizar la defensa, y el individuo siente amenazada su vida. La vivencia afectiva que corresponde a este hecho es la angustia e incluso, a veces, el pánico. La angustia se hace insoportable y nadie puede soportar realmente una gran angustia por largo tiempo. Se trata de un sentimiento tan poderoso y desorganizador que termina matando a quien lo padece. Los miedos irracionales conducen a un estado depresivo que puede llevar a intentos suicidas. En más de 30% de los pacientes con crisis de pánico, y cerca de la tercera parte de las personas con fobia social tienen tendencia al suicidio.

> **66**
> **Los miedos irracionales conducen a un estado depresivo que puede llevar a intentos suicidas. En más de 30% de los pacientes con crisis de pánico, y cerca de la tercera parte de las personas con fobia social tienen tendencia al suicidio.**
> **99**

Al igual que todo mecanismo de protección biológica, en el ser humano, la angustia, representa una señal de alarma para que nos detengamos ante un peligro, lo que conlleva reacciones fisiológicas específicas. Cuando estas reacciones están presentes en forma continua se presenta un desequilibrio, que termina causando trastornos de ansiedad.

Las razones de este desequilibrio son múltiples: la tensión, la edad, los factores ambientales y genéticos, y la misma experiencia anterior.

Se ha postulado que la ansiedad y las crisis de pánico aparecen como consecuencia de un desequilibrio en la concentración de por lo menos dos neurotransmisores: serotonina y noradrenalina. Estos dos neurotransmisores también están asociados con la depresión. Los psicofármacos actuales tienen el objetivo de aumentar en el cerebro la cantidad de estos neurotransmisores al impedir su degradación. Se utilizan fármacos como benzodiazepina, ansiolíticos como el *Valium* o el *Xanax* y antidepresivos como el *Zoloft*, *Prozac, Paxil*.

Con relación a las fobias, a pesar de que no se conocen todavía sus bases neuroquímicas, se sabe que los miedos normales desaparecerán si no cumplen una función de protección. Una forma frecuente que se utiliza para extinguir el miedo condicionado consiste en forzar a la persona o al animal a confrontar el objeto temido varias veces hasta que se forma una nueva asociación objeto temido-seguridad en lugar de objeto temido-peligro. Por esto, para el tratamiento de fobias se utilizan la terapia cognitiva y técnicas conductuales que incluyen la aplicación de técnicas sistemáticas de des-

> **"**
> **Para el tratamiento de fobias se utilizan la terapia cognitiva y técnicas conductuales que incluyen la aplicación de técnicas sistemáticas desensibilización e imaginación. Por ejemplo, para tratar el miedo a las arañas, el terapeuta enseña a controlar la respiración, luego hace que el paciente se imagine una araña y se controle la sensación de angustia, después se les hace imaginarse que se acercan y tocan la araña, por último se acercan a una araña real y la tocan.**
> **"**

ensibilización e imaginación. Por ejemplo, para tratar el miedo a las arañas, el terapeuta enseña a controlar la respiración, luego hace que el paciente se imagine una araña y se controle la sensación de angustia, después se les hace imaginarse que se acercan y tocan la araña, por último se acercan a una araña real y la tocan. En cada etapa se proporciona retroalimentación de la ausencia de consecuencias negativas y técnicas para controlar la ansiedad que la experiencia generó.

Algunas fobias son resistentes al sentido común porque no involucran la parte del cerebro que piensa. Investigaciones recientes han señalado la posibilidad de prevenir que los recuerdos temibles hagan raíces. Existen proteínas cerebrales necesarias para que una memoria emocional se sienta como miedo. Esta proteína es conocida como RAS-GRF, está controlada por un solo gen. Se han producido ratones sin este gen. El ratón mutado en apariencia tiene un cerebro normal; sin embargo, muestra una conducta extraña. Si, por ejemplo, a estos animales se les coloca en una caja en donde se les da un choque eléctrico no retienen esta memoria, y al día siguiente entran a la caja sin ningún temor. A pesar de que en el humano este tipo de control puede ser más complejo, se podrían desarrollar fármacos que moderen o erradiquen los recuerdos demasiado dolorosos.

La genética del miedo

Los avances en la genética molecular y su relación con la conducta han sido extraordinarios. La genética conductual se ha enfocado en identificar y correlacionar características de personalidad y enfermedades con la actividad de genes específicos. En esta línea de investigación se ha encontrado una relación de un gen del cromosoma 11 con un rasgo de la personalidad llamado "búsqueda de novedad",

Autoevaluación de la ansiedad

Escribe tu respuesta a las preguntas de esta prueba utilizando la siguiente clave.

0 = Poco
1 = Algunas veces
2 = Con frecuencia
3 = Severamente

1. ¿Te sientes nervioso y ansioso? .... ___
2. ¿Te sientes inseguro? .... ___
3. ¿Sientes miedo de que pase lo peor? .... ___
4. ¿Padeces sensación de mareo? .... ___
5. ¿Presentas sensación de ahogo? .... ___
6. ¿Tienes miedo a perder el control? .... ___
7. ¿Tienes dificultad para respirar? .... ___
8. ¿Padeces trastornos del sueño? .... ___
9. ¿Tienes cambios constantes de humor
   o te enojas constantemente? .... ___
10. ¿Padeces opresión en el pecho o latidos acelerados? ___
11. ¿Sufres de indigestion o malestar estomacal? .... ___
12. ¿Tienes miedo a morir? .... ___
13. ¿Presentas tensión en los hombros y el cuello? .... ___
14. ¿Te despiertas con sensación de cansancio? .... ___
15. ¿Te asustas con facilidad? .... ___
16. ¿Sudas exageradamente? .... ___

Total ... ___

ALGO MÁS QUE LOS PELOS DE PUNTA

Interpretación

0 a 14 puntos....... Normal, poco ansioso.
15 a 30 puntos...... Necesitas aprender técnicas contra la ansiedad y cuidar tu salud.
30 a 48 puntos...... Te encuentras en una fase crítica, requieres de ayuda profesional.

mientras que el cromosoma 17 está ligado con la regulación de la ansiedad. Se ha propuesto el nombre de síndrome deficitario de la recompensa para describir el defecto que subyace con trastornos del control de impulsos. Estos trastornos incluyen individuos con comportamientos violentos, alcoholismo, abuso de drogas psicoactivas, el juego de apuestas en forma patológica, el comportamiento compulsivo, desórdenes alimentarios (bulimia y anorexia) y la búsqueda obsesiva de emociones fuertes y novedosas. Todos estos trastornos tendrían como elemento común la imposibilidad para evaluar la calidad y la intensidad de la retroalimentación emocional y afectiva proveniente del entorno como respuesta al comportamiento del sujeto. Se ha sugerido la existencia de un problema genético común a todas estas conductas. La alteración genética propuesta estaría en los alelos que codifican las proteínas reguladoras de los receptores D2 y D4 para la dopamina y que activan las enzimas que transforman la dopamina en adrenalina. Igualmente, esta alteración genética interrumpiría la acción de neurotransmisores como el GABA, la serotonina y las endorfinas, que intervienen también en los sistemas generadores de placer, bienestar o recompensa en el sistema límbico. Sin embargo, el estudio genético no puede dar una explicación completa del síndrome, y de la manera en que los factores medioambientales interactúan con su desarrollo.

Se ha identificado gran cantidad de genes que influyen sobre la susceptibilidad de padecer trastornos de la personalidad y alteraciones mentales. Sin embargo, en relación con la conducta y la personalidad los genes establecen una susceptibilidad natural, pero el medio desempeña un papel importante para controlar esta susceptibilidad genética. En el caso de gemelos idénticos (monocigotos), quienes tienen el mismo material genético, se observa que no siempre comparten el mismo trastorno de personalidad. Los investigadores difieren en sus opiniones sobre la proporción en la que los genes y el medio contribuyen. Se ha llegado incluso a afirmar que su contribución podría ser similar (cerca de cincuenta por ciento). Sin embargo, cuando hablamos de características de personalidad, con frecuencia influyen múltiples genes, y estos genes interactúan de forma compleja para incrementar o disminuir la susceptibilidad a cierto trastorno. Los genes desempeñan un papel muy importante en el desarrollo no sólo de nuestras características físicas sino también de nuestra personalidad.

> **66**
> **Se ha identificado gran cantidad de genes que influyen sobre la susceptibilidad de padecer trastornos de la personalidad y alteraciones mentales. Sin embargo, en relación con la conducta y la personalidad los genes establecen una susceptibilidad natural, pero el medio desempeña un papel importante para controlar esta susceptibilidad genética.**
> **99**

A diferencia de los genes responsables de las características físicas, estos genes no causan que una persona busque riesgos específicos como escalar montañas o que padezca formas particulares de pánico y ansiedad. La biología de la personalidad es mucho más complicada que eso. Lo que hacen los genes, al parecer, es desviar de modo sutil la conducta en tal forma que diferentes individuos reaccionan a una experiencia similar de manera sorprendentemente diferente. De la misma forma muchos genes están involucrados en establecer rasgos de temperamento y vulnerabilidad psicológica, cada gen contribuye un poco al efecto general o global.

Detectar los genes que influyen sobre los rasgos de personalidad es un asunto muy complejo. A pesar de que el ácido desoxirribonucleico (DNA) está construido por cuatro compuestos químicos: adenina, guanina, citosina y timina, puede requerirse millones de combinaciones para deletrear un solo gen humano. La mayoría de estos genes varían de un individuo a otro por una sola característica o letra química dentro de una cadena compuesta por millares, y son precisamente estas diferencias minúsculas las que se está tratando de identificar. Estas variaciones pueden

> **"**
> **Una versión particular del gen de búsqueda de novedad puede hacer que una proteína sea menos eficiente para absorber dopamina. Dado que la dopamina es la sustancia química que produce sensación de placer en respuesta a una experiencia intensa, las personas que heredan este gen pueden buscar estimular su producción mediante la búsqueda de desafíos.**
> **"**

afectar las sustancias químicas producidas por el cerebro como la dopamina y la serotonina, que se sabe regulan el estado de ánimo. El gen que se relaciona con la búsqueda de estímulos novedosos se piensa que afecta la eficiencia con la cual las neuronas absorben dopamina. El gen de la ansiedad afecta la acción de la serotonina.

> **66**
> **Los genes no son interruptores que nos hagan tristes, desinhibidos, o alegres. Los genes son agentes químicos que dirigen la combinación de diferentes sustancias. Su función es ordenar la producción de proteínas en órganos como el riñón, la piel y también en el cerebro.**
> **99**

Los genes no son interruptores que nos hagan tristes, desinhibidos, o alegres. Los genes son agentes químicos que dirigen la combinación de diferentes sustancias. Su función es ordenar la producción de proteínas en órganos como el riñón, la piel y también en el cerebro. Así, una versión particular del gen de búsqueda de novedad puede hacer que una proteína sea menos eficiente para absorber dopamina. Dado que la dopamina es la sustancia química que produce sensación de placer en respuesta a una experiencia intensa, las personas que heredan este gen pueden buscar estimular su producción mediante la búsqueda de desafíos.

Sin embargo, los genes por sí mismos no controlan la química del cerebro. Es el medio ambiente lo que determina en última instancia el modo como se expresan estos genes. Se nace con ciertos rasgos de personalidad, lo que se adquiere con la experiencia es la habilidad para controlar estos rasgos mediante la interacción con el medio.

ALGO MÁS QUE LOS PELOS DE PUNTA

Es interesante señalar que en los humanos, el control emocional es escaso, por lo común, nuestros sentimientos y emociones empujan a nuestro pensamiento. Si observamos nuestro cerebro, encontramos que las conexiones cerebrales favorecen el predominio de **la emoción sobre la razón** y no al contrario. Esto se debe a que tenemos un mayor número de conexiones de los sistemas límbicos o subcorticales que controlan el influjo de la emoción hacia la corteza, que es el centro del razonamiento, que de la corteza hacia los centros subcorticales, los cuales controlan nuestros impulsos y emociones básicas.

El lenguaje sutil

COMUNICACIÓN NO VERBAL

L a comunicación no verbal está alrededor de nosotros. Nos expresamos no verbalmente cuando sonreímos, nos vestimos con cierto estilo, nos recargamos hacia adelante o hacia atrás, guardamos cierta distancia o hablamos con cierto tono de voz. Los mensajes no verbales son importantes porque en general tienen más credibilidad que la comunicación verbal y porque son la forma primaria de expresar emociones, crear y manejar impresiones y comunicar mensajes de atracción, aceptación, distancia y dominancia. Sin embargo, la comunicación no verbal puede ser una forma elusiva y ambigua de comunicación. Los mensajes no verbales se pueden interpretar con más exactitud si se evita utilizar una sola clave no verbal (por ejemplo, cruzar los brazos como signo de defensa) y buscar grupos o conjuntos de conductas (por ejemplo, cruzar los brazos, fruncir el ceño, tomar postura rígida y mantenerse en distancia o separarse como signos de defensa).

Se pueden tener diversas formas de comunicación no verbal usando el cuerpo, la cara y los ojos, las ropas y diversas formas de adornos (como joyas, perfumes y portafolios), espacio, tacto, voces y silencio, el ambiente y aun el tiempo (como, por ejemplo, pasar tiempo extra con otros o presentarse tarde en una reunión). Estos mensajes no verbales comunican muchos significados y logran diversas funciones y metas. Los mensajes no verbales se utilizan para transmitir nuestro interés en otros, para iniciar y terminar una conversación, para expresar nuestros sentimientos y para impresionar e influir sobre las personas que nos rodean.

Muchas de las conductas no verbales ocurren muy rápido y de forma sutil. Un leve cambio en la postura, una arrastrada de los pies o un movimiento facial rápido pueden comunicar información muy valiosa que es difícil observar y medir.

Aproximadamente 60 a 65% del significado social se deriva de conductas no verbales. Diversos estudios han revelado que las personas interpretan mensajes basándose más en claves de comunicación no verbal que en claves verbales. Por ejemplo, puedes inferir lo que tu jefe piensa y siente por la expresión facial, postura y otras claves no verbales. La comunicación no verbal se utiliza más que la verbal para enviar mensajes positivos y negativos a socios, cónyuges, familiares y amigos. Los mensajes verbales también son importantes sobre todo en la interpretación de datos y mensajes persuasivos. La comunicación no verbal es importante en la expresión de emociones, formación de impresión y comunicación de mensajes de relación, como intimidad y dominancia.

> **66**
> **La comunicación no verbal se utiliza más que la verbal para enviar mensajes positivos y negativos a socios, cónyuges, familiares y amigos. Los mensajes verbales también son importantes sobre todo en la interpretación de datos y mensajes persuasivos. La comunicación no verbal es importante en la expresión de emociones, formación de impresión y comunicación de mensajes de relación, como intimidad y dominancia.**
> **99**

La comunicación no verbal es en particular poderosa porque es vista como más creíble que los mensajes verbales. Las personas perciben que la comunicación no verbal es la expresión más espontánea de los pensamientos y sentimientos internos, es la expresión de "nuestro verdadero yo". Esta es la razón por la cual los mensajes no verbales son especialmente importantes cuando se envían mensajes verbales y no verbales inconsistentes. Por ejemplo, cuando se interpretan mensajes, las personas prestan más atención al canal visual, que incluye la expresión facial y movimiento corporal, que al canal verbal o las palabras. El canal vocal que incluye intensidad, tono (altura) y volumen también es importante, se ha demostrado que parejas cercanas como los matrimonios, se apoyan en la voz para enviar e interpretar mensajes. Para ilustrar la importancia del canal visual y vocal imagina que le preguntas a un amigo si algo está mal, tu amigo te contesta *no* en voz baja y se voltea con los brazos cruzados. ¿Cuál es el mensaje que va a creer, el verbal o el no verbal? De acuerdo con las investigaciones, cuando los mensajes verbales se contradicen con los no verbales la mayoría de las personas creen en el no verbal, así es que si ignoras el mensaje no verbal de seguro vas estar en desventaja.

> **❝**
> El objetivo de la comunicación no verbal es crear un significado compartido, por tanto, la definición de comunicación no verbal debe tomar en cuenta los factores que afectan el intercambio de mensajes no verbales, por ejemplo 1) el sujeto que lo envía, y cuál es la intención del mensaje, 2) el que recibe, y si la interpretación del receptor es exacta.
> **❞**

Dilo sin palabras

La comunicación no verbal incluye todos los mensajes que no sean palabras, y que las personas intercambian en contextos interactivos. Para tener la calidad de mensaje, una conducta, por lo común, debe ser enviada con intención y/o debe ser interpretada por otros; o sea, debe tener un significado social. Por ejemplo, si varías el tono de tu voz para ser sarcástico, entonces has comunicado una cierta intención. Si estás nervioso cuando te presentas en una conferencia y te tiemblan las manos y la voz, con toda seguridad la audiencia le va a dar un significado de nerviosismo a esta serie de expresiones.

La comunicación es manejar el mensaje con él propósito de crear un significado. El objetivo de la comunicación no verbal es crear un significado compartido, por tanto, la definición de comunicación no verbal debe tomar en cuenta los factores que afectan el intercambio de mensajes no verbales, por ejemplo 1) el sujeto que lo envía, y cuál es la intención del mensaje, 2) el que recibe, y si la interpretación del receptor es exacta.

Los mensajes no verbales se pueden enviar por diferentes canales o claves: cara, cuerpo, voz, etcétera. Se pueden distinguir las siguientes formas de comunicación no verbal:

1. Quinestésica.
2. Apariencia física.
3. Olfato.
4. Vocálica.
5. Proxímica.
6. Háptica.
7. Temporal.
8. Medioambientales.

Quinestesia: el lenguaje del cuerpo

La quinestesia (lenguaje corporal) es la disciplina que estudia el significado de los movimientos y gestos del cuerpo. Es decir, los mensajes enviados por el cuerpo mediante gestos, posturas, movimiento corporal, inclinación del cuerpo, etcétera. También se incluyen los mensajes que enviamos utilizando la cara, como sonrisas, gruñidos, muecas, gestos, pucheros o "mala cara" y la actuación de los ojos, como movimientos, contacto visual, aversión en la mirada, dilatación y constricción de la pupila.

Apariencia y adornos

Esta clave incluye la apariencia física y los adornos que utilizamos para crear impresiones en otros.

La apariencia física incluye tamaño, forma y color de nuestro cuerpo. La autopercepción del nivel de atracción, manera de vestir, la forma como se lleva el cabello, si se usan o no cosméticos, así como otros accesorios (joyas y portafolio) que utilizamos para adornarnos. Las personas suelen adornarse con tatuajes, máscaras, aretes, joyas, bolsas; estos son estímulos con potencial comunicativo. Un anillo utilizado en un dedo particular, un prendedor perteneciente a una fraternidad, un arete colocado en cierta oreja, todos comunican algo sobre la naturaleza de nuestras relaciones y nuestra autoimagen.

Las claves olfativas

Incluyen el olor corporal y perfumes o colonias.

Las claves vocálicas

Se consideran el sonido de la voz, así como el silencio. Con frecuencia el *cómo* se dicen las cosas transmite más información *que lo que* se dice. Esto incluye el modo como nos comunicamos mediante cambios en la rapidez del habla, volumen, calidad de la voz y tono, acentos, pausas y dudas. También incluye el sonido y el significado que le atribuimos. Algunas veces el silencio comunica un mensaje en forma más intensa y con mayor fuerza que cualquier palabra.

Claves de contacto

Consisten en la comunicación táctil y espacial. La comunicación espacial o proxémica se refiere a cómo utilizamos el espacio y el territorio. El espacio personal se refiere a qué tan lejos se encuentran las personas cuando realizan diversas actividades. La territorialidad se refiere a espacios fijos o movibles como casas, coches, y espacios públicos que las personas ocupan. Los arreglos espaciales o el lugar que escogemos al sentarnos en una mesa, desempeñan un

> **66**
> La comunicación es manejar el mensaje con él propósito de crear un significado. El objetivo de la comunicación no verbal es crear un significado compartido, por tanto, la definición de comunicación no verbal debe tomar en cuenta los factores que afectan el intercambio de mensajes no verbales, por ejemplo 1) el sujeto que lo envía, y cuál es la intención del mensaje, 2) el que recibe, y si la interpretación del receptor es exacta.
> **99**

papel importante en determinar el liderazgo del grupo. La posición espacial determina el flujo de la comunicación, lo que a su vez determina la emergencia de liderazgo. Cuando uno se halla solo de un lado de la mesa recibe menos miradas divididas que las personas del extremo lleno de la otra mesa. Muchas veces el arreglo de la ubicación de las personas cambia la dinámica porque los que están en la visual central se comportan diferente y hablan más. En este respecto, cabe hacer los siguientes cuestionamientos: ¿Estoy en una posición central, mejor actúo como líder? O ¿la atención y claves sutiles de los otros miembros del grupo crean conductas de liderazgo, tal vez sin que la persona visualmente central se percate?

> **66**
> **Los mensajes no verbales le indican a las personas la manera de conducir una conversación, a quién le toca hablar, cómo obtener el turno para hablar, cómo enviar señales para que otros hablen más y cómo terminar una conversación.**
> **99**

Comunicación táctil o háptica

Se refiere a tocar o al contacto físico, como agarrar, golpear, palmear, abrazar, patear y besar.

Claves de tiempo y lugar

Se refiere al contexto más largo en donde ocurre la comunicación. Incluye aspectos relacionados a cómo se utiliza y se percibe el tiempo, por ejemplo las preferencias de tiempo, la puntualidad y la percepción personal del tiempo. Las claves de lugar incluyen factores como el diseño

arquitectónico, el color, nivel de ruido, el arreglo de los muebles. Estas claves establecen el escenario para la comunicación con otras personas.

Características medioambientales

Estas claves afectan los patrones de comunicación, por ejemplo si tomamos en cuenta la luz tenue y velas en una cena romántica; se pinta la puerta de verde para invitar a pasar a las personas; la temperatura, el nivel de ruido, y las características arquitectónicas. El arreglo del mobiliario puede ayudar a establecer el humor y la estructura de la interacción. Por ejemplo, en un salón de clases el profesor tiene más espacio para moverse, las sillas de los estudiantes están colocadas para minimizar la interacción entre uno y otros y para que se vea al profesor y no a los demás; los escritorios están colocados para prevenir que los estudiantes se muevan y ocupen mucho espacio. Asimismo, en reuniones de trabajo, los ejecutivos tienen mayor espacio, con oficinas privadas más grandes, protegidas por marcas territoriales (como la secretaria que controla quien entra) en tanto que los subordinados trabajan unos junto a otros en pequeños cubículos

Los mensajes no verbales son funcionales

La comunicación no verbal cumple diferentes funciones. De hecho, los mensajes de diferentes tipos de claves (como proxémica, háptica y quinestésica) frecuentemente actúan en conjunto para enviar mensajes muy poderosos. Una sola clave no siempre es suficiente. Es necesario observar cómo las diferentes claves trabajan en conjunto como un sistema para cumplir diferentes funciones.

Las funciones de la comunicación no verbal se podrían incluir dentro de las siguientes categorías:

1. Crear primeras impresiones y percepción de la persona.
2. Ayudar a las personas a manejar interacciones.
3. Expresar emociones.
4. Enviar mensajes relacionales como cercanía, intimidad y distancia.
5. Permitir enviar mensajes mixtos o descorazonadores.
6. Enviar mensajes de poder y persuasión.

Crear impresión

En muchas ocasiones las personas forman juicios acerca de otros antes de hablar con ellos. La apariencia física y las claves quinestésicas son en especial importantes para crear impresiones porque son las que primero se notan. Imagínate, por ejemplo, una invitación a bailar en una reunión formal en donde no conoces a muchas personas. Lo que harás es observar a las parejas potenciales mediante evaluación de su apariencia física y verificar qué tan amigable y accesible puede estar. Si una pareja potencial causa agrado, pero él o ella se pone a la defensiva (brazos cruzados y una expresión facial no amigable) o conversa con otros, no la invitarás a bailar. Pero si la pareja potencial se encuentra sola, sonriendo y golpeando en el piso el ritmo de la música, es muy probable que de inmediato surja la invitación.

Manejo de la interacción

Los mensajes no verbales le indican a las personas la manera de conducir una conversación, a quién le toca hablar, cómo obtener el turno para

hablar, cómo enviar señales para que otros hablen más y cómo terminar una conversación. Por ejemplo, el movimiento afirmativo con la cabeza se utiliza para lograr varias funciones de dirección empresarial, son señales que la persona escucha y quiere seguir escuchando, pero también puede señalar que la persona quiere hablar o terminar una conversación. Las personas se inclinan hacia adelante, hacen gestos y abren la boca levemente cuando quieren hablar en grupo. En una conversación los *ritmos sociales* son muy importantes: La sincronía (coordinación) y tiempo (rapidez de la conversación) también son significativos. Cada cultura tienen su propio ritmo, los individuos y las diadas también, este es el motivo porque algunas veces nos sentimos extraños cuando interactuamos con alguien que se conoce por primera vez, no está uno seguro de su estilo de comunicación y ritmo.

Expresión emocional

La comunicación no verbal es una forma primaria para expresar emociones; sonrisas y arrugas alrededor de los ojos son despliegues de alegría. Las investigaciones han identi-ficado algunas emociones básicas o primarias como felicidad, enojo, miedo, tristeza, disgusto y sorpresa. Las expresiones faciales

> **66**
> La unión o combinación de emociones ocurre cuando se presenta más de una emoción básica al mismo tiempo, como por ejemplo, desencanto o desilusión (que es una mezcla de tristeza y sorpresa) y celos (mezcla de enojo y miedo). Existen reglas sociales que controlan el despligue de estas emociones. Ya sea que expresemos o controlemos nuestras emociones.
> **99**

que acompañan a estas emociones son universales (es decir, diferentes culturas las expresan en forma similar). La unión o combinación de emociones ocurre cuando se presenta más de una emoción básica al mismo tiempo, como por ejemplo, desencanto o desilusión (que es una mezcla de tristeza y sorpresa) y celos (mezcla de enojo y miedo). Existen reglas sociales que controlan el despligue de estas emociones. Ya sea que expresemos o controlemos nuestras emociones, la comunicación no verbal es un elemento crucial dentro del proceso comunicativo.

> **66**
> **Los presidentes de corporaciones tienen el poder de iniciar y detener las reuniones y de llegar tarde. También tienen control de dónde se lleva a cabo la reunión y quién preside, ocupan más espacio y el medio ambiente puede ser utilizado para controlar y estructurar la interacción. Los mensajes no verbales se utilizan para persuadir a otros, por ejemplo tocar y sonreír a un amigo para convencerlo de que nos haga un favor.**
> **99**

Envío de mensajes relacionales

Usamos conductas no verbales para decirles a los otros cómo nos sentimos acerca de ellos y también para evaluar cómo los demás se sienten acerca de nosotros. Les podemos mostrar a otros lo bien que nos caen mediante varias claves como una sonrisa, distancia cercana, tocar, una mirada e inclinarse hacia adelante. Estas conductas les muestran a los demás que se está interesado en ellos, involucrarse en la conversación y lo que se siente positivamente hacia ellos. Cuando no queremos estar con al-

guien mantenemos más distancia, nos inclinamos y miramos hacia otro lado, ponemos una postura defensiva como colocar los brazos alrededor del cuerpo, señalando que no estamos disponibles para la comunicación y que probablemente no nos gustan. Las señales que nos ayudan a comunicarnos sin la verbalización también ejercen un control social.

Envío de mensajes de poder y persuasión

Los mensajes no verbales ejercen un control, social. Los líderes tienen un estilo específico no verbal. Los poderosos tocan a otros con mayor frecuencia de lo que son tocados, ven más de lo que son mirados (excepto cuando utilizan la mirada para disminuir a otro) y tienen control, sobre el tiempo y el territorio. Por ejemplo, los presidentes de corporaciones tienen el poder de iniciar y detener las reuniones y de llegar tarde. También tienen control de dónde se lleva a cabo la reunión y quién preside, ocupan más espacio y el medio ambiente puede ser utilizado para controlar y estructurar la interacción. Los mensajes no verbales se utilizan para persuadir a otros, por ejemplo tocar y sonreír a un amigo para convencerlo de que nos haga un favor. O utilizar una voz autoritaria a un niño para que obedezca y no cruce la calle sin nosotros. La comunicación no verbal puede ser una herramienta poderosa de persuasión.

El engaño y cómo identificarlo: el control de la comunicación no verbal

La mentira es cualquier información comunicada que no es cierta, existen diferentes grados y tipos de mentiras, por ejemplo pueden ser mentirosos los que simplemente son amables o que ocultan información dañina o que son actores. Las mentiras están presentes en todas las edades, desde el niño que pone una excusa por llegar tarde a casa, el adulto que simula lesión para conseguir una indemnización, o las mentiras monumentales de alguien como Hitler. Forma parte del repertorio emocional y en todos quienes la emplean el principio es el mismo: distorsionar la realidad y dotarla de validez aparente. Sin embargo, hay que tomar en cuenta la intención, el grado de conciencia de lo que se esta diciendo o haciendo y los efectos de la acción sobre terceros.

Así, por ejemplo, el 15 septiembre de 1938 una de las mentiras o engaños más terribles para la humanidad se inicia. Hitler y Chamberlain (primer ministro de Gran Bretaña) se reúnen por primera vez, y el mundo observa consciente de que esta es la última esperanza para evitar la guerra (seis meses antes las tropas de Hitler invadieron Austria y se la anexaron). Inglaterra y Francia protestan pero no hacen nada). El 12 de septiembre, tres días antes del encuentro con Chamberlain, Hitler planea invadir Checoslovaquia, y en secreto moviliza su ejército para atacar a este país, pero su ejército no estará listo hasta finales de septiembre, por lo que, buscando tiempo, Hitler esconde sus planes a Chamberlain dando su palabra de que se mantendrá la paz si los checos acceden a sus demandas, Chamberlain es engañado y convence a los checos de que no movilicen sus fuerzas mientras todavía es tiempo de negociar con Hitler. Después de esta reunión Chamberlain escribió una carta a su hermana en la que le dice: "vi en su cara, y obtuve la impresión de que era un hombre en quien podía confiar en su palabra."

Existen muchos tipos de mentiras. Los padres le mienten a los niños acerca del sexo, porque piensan que no están listos, al igual que los hijos mienten en la adolescencia acerca de sus relaciones sexuales porque piensan que los padres no van a comprender. Desenmascarar algunas mentiras, aunque sean inofensivas, puede traducirse en humillación para alguien.

La comunicación no verbal desempeña un papel muy importante cuando enviamos y recibimos mensajes falsos. Cuando somos niños, nuestros padres nos miran y nos dicen que los miremos a los ojos cuando tratamos de decir mentiras. Las personas no siempre son sensibles para detectar el engaño. La mayoría de nosotros nos guiamos por señales que no tienen que ver con la detección adecuada. Tenemos estereotipos de los mentirosos; suponemos que utilizan movimientos oculares y hablan rápido, y suponemos que las personas sinceras, como nos miran directamente a los ojos, transmiten el mensaje con énfasis e incluyen detalles adecuados. Sin embargo, los buenos mentirosos usan estos estereotipos en contra de nosotros para crear una falsa impresión.

> **66**
> **Existen muchos tipos de mentiras.**
> **Los padres le mienten a los niños acerca del sexo, porque piensan que no están listos, al igual que los hijos mienten en la adolescencia acerca de sus relaciones sexuales porque piensan que los padres no van a comprender.**
> **99**

¿Qué hace a una persona un buen mentiroso o un buen detector de mentiras? ¿De qué manera los niños aprenden a decir e identificar mentiras? ¿Existen signos confiables de que una persona está mintiendo? La búsqueda de claves para reconocer el engaño es muy antigua. Un papiro del año 900 antes de nuestra era describe al mentiroso con las siguientes características: no contesta preguntas, da respuestas evasivas, dice tonterías, talla el dedo gordo en el piso, tiembla y se rasca la raíz del cabello con sus dedos. Tres mil años más tarde seguimos pensando o utilizando los mismos criterios. Entre las respuestas que percibimos como deshonestas se incluyen: sonreír, temblor de la voz, nerviosismo, pausas largas, respuestas muy rápidas, demasiado cortas o largas o demasiado elaboradas.

¿Existen claves para poder identificar el engaño?

Contrariamente a lo que la mayoría de las personas supone, la detección de mentiras es un proceso complejo y difícil. Las personas no son muy sensibles para detectar el engaño. Los psicólogos ha diseñando un complicado sistema para detectar mentiras mediante el lenguaje no verbal. Lo estudian no en su calidad de valor moral sino como se manejan los mensajes no verbales y la realidad que esconden. Estudian las mentiras leves e incertidumbres que son necesarias para pulir la interacción de nuestra vida cotidiana. A continuación se describen algunas claves.

> **66**
> **Sorprendentemente, la mayoría de las personas no reconocen que los oídos son mejores que los ojos para distinguir lo verdadero de lo falso. En un estudio se les preguntó a un grupo de personas cuáles signos utilizan para descubrir mentiras; ninguno dijo que la voz.**
> **99**

Las claves vocálicas

El tono de la voz es un indicador más confiable que la expresión facial, confirmando la sabiduría del artista que representó la justicia con los ojos tapados. Probablemente

las claves no verbales más importantes son las vocálicas. Se desarrollan desde muy temprano. Los bebés de siete meses observan más tiempo las caras que identifican con la cualidad emocional de la voz. Por ejemplo, miran más una cara feliz que una triste cuando los tonos asociados son ascendentes.

Sorprendentemente, la mayoría de las personas no reconocen que los oídos son mejores que los ojos para distinguir lo verdadero de lo falso. En un estudio se les preguntó a un grupo de personas cuáles signos utilizan para descubrir mentiras; ninguno dijo que la voz. En otro estudio con 251 personas, se les preguntó cómo consideraban que era más fácil reconocer si una persona estaba mintiendo, ¿por teléfono, cara a cara, o no existe diferencia? De los 251 participantes, 220 dijeron que la reunión cara a cara era mejor.

El tono de la voz no se puede controlar porque debido a la acústica del cráneo, la voz que emitimos no nos suena igual a nosotros que como a quienes nos escuchan. Esto puede explicar el desencanto de muchas personas cuando escuchan su voz en una grabación. En la cinta magnética las personas producen inflexiones y cualidades tonales que muestran sus sentimientos pero que ellos mismos no notan conforme hablan.

Es muy interesante saber que las mujeres son mucho más hábiles para leer mensajes no verbales. Cuando se les pregunta cuáles sentimientos reflejan el tono de voz o un gesto, las mujeres obtienen más aciertos que los hombres. Por ejemplo, las mujeres son mucho mejores para reconocer expresiones faciales que los hombres. Además, las mujeres dan mucha más credibilidad a la cara.

Las claves visuales

El viejo axioma "lo creo cuando lo veo", se comprende cuando estudiamos la neuroanatomia de la visión. De los tres millones de pares

de fibras sensoriales que entran al cerebro dos tercios provienen del ojo, y de los 12 pares craneales tres están relacionados con los movimientos oculares. La complejidad y capacidad de la corteza visual humana se refleja en su enorme tamaño. Los músculos extraoculares tienen la mayor inervación de todos los músculos del cuerpo.

La importancia del contacto visual para los animales inferiores se manifiesta en las mariposas, pájaros, serpientes y peces cuyos cuerpos tienen dibujos en forma de ojo, imitando el de sus depredadores, induciéndoles a evitarlos. El contacto visual fijo produce una activación fisiológica.

El contacto visual transmite en forma instantánea información significativa en las nuevas relaciones. Por ejemplo, una mirada dirigida hacia una persona desconocida puede producir un impacto emocional enorme, y una mirada unidireccional significa que una persona está interesada en la otra. El intercambio de miradas significa el inicio de una relación o una intimidad interocular compartida es un intercambio sin palabras. En la comunicación interpersonal, el contacto visual representa una búsqueda de comprensión. En encuentros de diadas las personas observan a sus parejas un porcentaje importante del tiempo, especialmente mientras escuchan. Las mujeres miran a su pareja 94% del tiempo mientras escuchan, en tanto que los hombres lo hacen 82% del tiempo. Sin contacto visual las personas no sienten que están en comunicación real.

Algunas variables afectan el contacto visual:

1. Posición social: las personas con liderazgo se colocan en posiciones en las que son el foco de atención visual, como por ejemplo en la cabecera de la mesa.
2. Emociones positivas y negativas: las emociones positivas como sorpresa, gusto o interés están asociadas con aumento en el número de miradas, mientras que las emociones negativas como

horror o disgusto se manifiestan evitando la mirada. Durante periodos de mucha ansiedad la fijación visual es más breve

3. Estudios de pupilometría: la pupila se agranda cuando las personas ven cosas que les gustan y se reduce cuando ven cosas sin interés o desagradables. La combinación de mirada y el tamaño de la pupila significan bienvenida a estímulos positivos y rechazo de los negativos.

4. Diferencias sexuales: las mujeres miran a sus pareja o persona con quien conversan con mayor frecuencia que los hombres. Éstos muestran tendencia a mirar de reojo.

5. Factores culturales: a los japoneses y a los indígenas se les enseña a no mirar a los otros, mientras que árabes, griegos y sudamericanos enfatizan el contacto visual como muestra de sinceridad e interés.

> **“**
> **Algunos estudios han hallado que la pupila se dilata si existen actitudes positivas y su tamaño disminuye si hay actitudes negativas.**
> **”**

6. Sincronía en el habla: los que escuchan ven más que los que hablan y la fijación en la mirada es más frecuente durante periodos de habla no fluida, aparentemente para limitar los estímulos distractores cuando la producción verbal es difícil. Estos patrones ayudan en la sincronización de la conversación y complementan otras señales, como la información auditiva y los movimientos corporales.

7. Características de la personalidad: las personas extrovertidas intercambian más contacto visual que los sujetos introvertidos. Las personas con alto grado de contacto visual son juzgadas

como amigables, naturales, sinceras, y confiadas en sí mismas. Las personas con poco contacto visual son juzgadas como evasivas, frías, defensivas, sumisas, o inatentas.

La pupilometría y movimientos oculares

La pupila se dilata o se contrae con la luz pero también es un indicador de estados psicológicos y emocionales. Los hombres presentan dilatación pupilar al ver mujeres desnudas. Las mujeres presentan dilatación pupilar al ver hombres musculosos parcialmente desnudos, bebés y mujeres con bebés. Existe una correlación significativa entre la dilatación pupilar y el interés en el estímulo.

>
> **Algunos estudios han hallado que la pupila se dilata si existen actitudes positivas y su tamaño disminuye si hay actitudes negativas. En un estudio sobre el tema se les dijo a los sujetos que debían escoger una pareja que fuera confiable, agradable y fácil de entablar conversación intima.**
> **99**

Algunos estudios han hallado que la pupila se dilata si existen actitudes positivas y su tamaño disminuye si hay actitudes negativas. En un estudio sobre el tema se les dijo a los sujetos que debían escoger una pareja que fuera confiable, agradable y fácil de entablar conversación intima. Se tomaron dos personas que eran iguales en un puntaje de atracción pero a una de ellas se le dilató la pupila con fármacos. Se encontró que el tamaño pupilar determinó la elección. Evidentemente, la dilatación pupilar influye en la atracción. Desde la Edad Media las mujeres se ponían belladona en los ojos para incrementar su atractivo; y desde hace mucho tiempo los expertos en romance sugieren que en los lugares de reunión exista una luz tenue. Los movimientos oculares en una dirección (derecha o izquierda) reflejan la activación del hemisferio opuesto. La activación hemisférica izquierda, involucra tareas intelectuales y lingüísticas, y se asocia con miradas hacia la derecha, mientras que el hemisferio derecho participa en el procesamiento espacial y emocional que se asocia con movimientos oculares hacia la izquierda.

Los movimientos corporales

Los movimientos corporales cambian cuando alguien se encuentra bajo tensión. También cumplen funciones simbólicas ("emblemas"), como lo han señalado los etólogos. Pueden tener un significado preciso, como cuando se muestra un dedo o se encogen los hombros. Se han reconocido alrededor de 60 movimientos simbólicos, como mover la cabeza para afirmar y negar, decir adiós con la mano, etcétera. Estos gestos simbólicos usualmente son voluntarios pero los hay involuntarios: mover las cejas, frotarse las manos, etcétera.

Los movimientos corporales, con frecuencia, se utilizan para dar énfasis a una palabra o frase. Cuando contamos algo, las manos, las cejas y los párpados enfatizan el contenido verbal de lo que estamos diciendo. Se usan también para ayudar expresar ideas que nos cuesta trabajo traducir en palabras, o cuando no encontramos la palabra adecuada. Cuando aumentan o disminuyen fuera de lo normal puede ser una clave de engaño. Cuando se está aburrido, poco involucrado o triste, los movimientos corporales disminuyen.

Dentro de los movimientos corporales se deben distinguir las manipulaciones: movimientos en donde una parte del cuerpo (por lo general la mano) acaricia, talla, detiene, agarra, aprieta, o rasca a otra parte. Incluye movimientos tales como quitarse un cabello, rascarse, quitarse algo de la oreja y enrollarse el bigote. Aumentan cuando estamos bajo tensión.

La postura es otro aspecto de los movimientos corporales. Tendemos a dirigirnos hacia delante para mostrar interés o enojo y hacia atrás para mostrar miedo o disgusto.

Claves del sistema nervioso autónomo

El sistema nervioso autónomo produce cambios notables en el organismo asociados con la actividad emocional, como son: cambios en el patrón de la respiración, frecuencia con la que se traga saliva, cantidad de sudor, y cambios en la cara (sonrojo, palidez, dilatación pupilar). Estos cambios ocurren involuntariamente y son difíciles de inhibir, por lo cual representan claves confiables.

Los cambios en el sistema nervioso autónomo son relativamente inespecíficos. Incluyen cambios en la tasa cardiaca, la temperatura corporal, la respiración, la sudoración y los cambios pupilares. Los cambios en la respiración, sudoración y la resequedad en la boca son signos de emociones fuertes.

Claves faciales

La cara es un sistema dual, incluye expresiones que se escogen a propósito y otras que ocurren de manera espontánea, algunas veces sin que la persona esté consciente de lo que emerge en su cara. Las

expresiones voluntarias y las involuntarias involucran diferentes partes del cerebro. Lesiones en los sistemas piramidales causan inhabilidad para sonreír voluntariamente pero estas personas pueden sonreír cuando escuchan un chiste o algo que les divierte. Lesiones en el sistema extrapiramidal provocan lo opuesto, no producen sonrisa involuntaria pero sí la voluntaria.

Las expresiones faciales involuntarias son producto de la evolución. La alegría, el miedo, el enojo, la tristeza son universales e independientes de la edad, género, raza o cultura. Los niños aprenden muy temprano a controlar sus expresiones. Los papás les enseñamos: "no pongas esa cara de enojado; no pongas cara de aburrido", etcétera. Aprendemos rápido a respetar estas reglas y lo hacemos en forma automática. Existen miles de expresiones faciales, muchas de las cuales no tienen que ver con emoción. Muchas expresiones son señales de conversación: cerrar un ojo, levantar las cejas y bajar la boca, levantar la ceja en un gesto

> **66**
> Existen miles de expresiones faciales, muchas de las cuales no tienen que ver con emoción. Muchas expresiones son señales de conversación: cerrar un ojo, levantar las cejas y bajar la boca, levantar la ceja en un gesto escéptico; hay manipuladores faciales como morderse el labio, chuparse el labio, inflar los cachetes pero también hay expresiones emocionales, falsas y verdaderas.
> **99**

escéptico; hay manipuladores faciales como morderse el labio, chuparse el labio, inflar los cachetes pero también hay expresiones emocionales, falsas y verdaderas. Hay algunas que deben considerarse como microexpresiones, porque ocurren en fracciones de segundo.

Existen movimientos emocionales que no se pueden controlar en forma voluntaria. Por ejemplo las personas, normalmente, no pueden mover los músculos de los labios hacia abajo sin mover los músculos del mentón, pero muestran esta acción cuando se sienten tristes. Algunas personas como los psicópatas tienen una habilidad extraordinaria para ocultar con signos faciales sus verdaderos sentimientos. En general, la información más significativa de los ojos es el parpadeo, que se hace involuntario cuando hay estímulo emocional. En este mismo sentido se encuentra la dilatación pupilar, que ocurre por acción del sistema nervioso autónomo.

> **"**
> **Las expresiones faciales involuntarias son producto de la evolución. La alegría, el miedo, el enojo, la tristeza son universales e independientes de la edad, género, raza o cultura. Los niños aprenden muy temprano a controlar sus expresiones. Los papás les enseñamos: "no pongas esa cara de enojado; no pongas cara de aburrido", etcétera. Aprendemos rápido a respetar estas reglas y lo hacemos en forma automática.**
> **"**

El hemisferio derecho controla la parte izquierda de la cara. Una persona puede presentar una respuesta emocional asimétrica en su cara cuando intenta encubrir una emoción o cuando trata de fingir una respuesta emocional. De hecho, las dos mitades de la cara (derecha e izquierda) no son del todo simétricas. Si se crean fotografías dobles, cortando la cara por la mitad, y creando dos caras, cada una con dos mitades derechas o izquierdas, se encuentra que las caras izquierdas provocan emociones más intensas que las derechas.

Las expresiones faciales voluntarias e involuntarias involucran diferentes vías neuronales. Los movimientos involuntarios son generados por áreas más primitivas y subcorticales. Las diferencias entre el hemisferio derecho e izquierdo influyen en las expresiones voluntarias y no en las involuntarias. La asimetría en la expresión emocional ocurre cuando las expresiones son voluntarias, deliberadas, o hechas en virtud de demandas externas. Cuando la expresión es involuntaria como en la expresión espontánea no hay asimetría.

Las expresiones faciales nos ayudan a influir sobre otros, tenemos la posibilidad de hacer más de 7000 expresiones. Existen diferentes tipos de sonrisas, en las que interviene el músculo cigomático el cual estira los labios cuando sonreímos. Las sonrisas genuinas que sentimos son de menos duración y más suaves e involucran al músculo ocular orbicular (lo que dibuja "patas de gallo" en la orilla de los ojos). La expresión facial espontánea y la expresión de pose están controladas por diferentes vías dentro del cerebro, la parte izquierda de la cara tiende a ser más expresiva y se ha relacionado con el hecho de que está controlada por el hemisferio cerebral derecho. Esta simetría sólo se mantiene para expresiones posadas, las genuinas o más espontáneas son simétricas.

La *sonrisa social* o de pose nos permite mentir acerca de nuestros sentimientos internos, otros animales no tienen esta habilidad porque no tienen un control voluntario de su expresión facial. Esta sonrisa, que es la expresión fingida que utilizamos cotidianamente para saludar y decir que nos encontramos bien, es muy distinta de la sonrisa de placer genuino. En cuanto a su duración se ha observado que desaparece y aparece más parejo y lentamente. Ambas sonrisas son producidas por diferentes músculos faciales que a su vez están controlados por diferentes circuitos cerebrales. La sonrisa espontánea llamada *duchenne,* por el anatomista francés que la identificó, surge del cerebro inconsciente y es automática, mientras la expresión "que tenga un buen día" viene de la corteza cerebral.

El cerebro consciente puede producir una gran variedad de expresiones a la orden pero éstas son diferentes de las que se producen automáticamente porque algunos músculos faciales están fuera del control de la corteza cerebral. La sonrisa de Duchene, por ejemplo contrae un número de músculos pequeños que se encuentran alrededor de la órbita de los ojos, algo que la sonrisa social raramente logra. Una sonrisa dirigida hacia alguien amado o atractivo sexualmente también involucra dilatación de la pupila, una razón por la que la luz tenue (que también dilata la pupila) es propiciadora del romance.

Se usan 20 músculos diferentes para hacer expresiones faciales. Se han identificado nueve tipos de sonrisas (representando diversos grados de intensidad). Paul Ekman usando un sistema de codificación anatómico concluye que hay 100 tipos de sonrisas diferentes. Las expresiones faciales no siempre son puras sino muchas veces son mezclas, por ejemplo una emoción se muestra en una parte y otra en distinto lugar, las cejas se elevan con la sorpresa y los labios se presionan con el enojo.

Diferencias sexuales en el procesamiento de las emociones

El cerebro femenino puede identificar las emociones ajenas con más precisión. Por ejemplo, Gur y Gur registraron la actividad cerebral, utilizando tomografía por emisión de positrones (PET, por sus siglas en inglés) en hombres y mujeres mientras veían a grupos de actores representar distintas emociones. Tanto los hombres como las mujeres reconocieron perfectamente la felicidad, pero a los hombres les costó más trabajo identificar la tristeza. La expresión tenía que ser muy triste para que los hombres la reconocieran.

Los estudios con PET ante emociones también han revelado que en las mujeres los recuerdos de tristeza activan una región notoriamente más extensa que en los hombres. Este modo de reaccionar podría explicar la propensión de las mujeres a la depresión, padecimiento dos veces más frecuente entre ellas. Es interesante tener presente que las mujeres presentan puntajes más altos en pruebas de memoria emocional que los hombres.

El trabajo de la psicología experimental en sujetos normales en diversas partes de mundo ha demostrado que las mujeres tienden a ser mejores en la percepción de las emociones faciales que los hombres. Paul revisó más de 125 estudios diferentes y encontró que las mujeres tienden a ser mejores en la decodificación de claves o señales no verbales afectivas, en particular expresiones faciales. Su superioridad en este aspecto también se observa en el reconocimiento de la prosodia, aunque aparentemente las diferencias entre sexos no son tan fuertes. Esta ventaja de las mujeres en decodificar expresiones faciales se observa en todo el mundo en diferentes culturas y países. Sin embargo, existe una excepción interesante en esta ventaja en la decodificación de expresiones faciales: dos estudios

> **66**
> **Los estudios con PET ante emociones también han revelado que en las mujeres los recuerdos de tristeza activan una región notoriamente más extensa que en los hombres. Este modo de reaccionar podría explicar la propensión de las mujeres a la depresión, padecimiento dos veces más frecuente entre ellas.**
> **99**

independientes han mostrado que los hombres son mejores para percibir enojo en la cara. Esto se podría interpretar sociobiológicamente si suponemos que los hombres se especializaron en defender y expander territorios y muestran niveles mayores de agresión.

Saffer descubrió que los hombres muestran más especialización hemisférica derecha en el procesamiento de la expresión facial que las mujeres. Las mujeres hicieron las tareas con más exactitud porque eran más precisas en decodificar expresiones faciales presentadas al hemisferio izquierdo. De acuerdo con Saffer, existe una mejor comunicación interhemisférica en mujeres y por eso son superiores en tareas de reconocimiento facial.

Los estudios con sujetos que presentan lesiones cerebrales derechas e izquierdas son muy ilustrativos. Por ejemplo, utilizando la batería afectiva de la Florida (que incluye percepción de emoción facial, percepción de aspectos prosódicos emocionales y tareas intermodales que evalúan la habilidad de procesar emociones faciales con prosodia) se han hallado diferencias sexuales significativas. En general, los sujetos con lesiones cerebrales derechas tienen una ejecución más pobre en esta batería que los sujetos con lesiones hemisféricas izquierdas. Las mujeres con lesiones derechas perdieron 12 puntos en relación con el grupo de control, mientras que los hombres bajaron 25 puntos con respecto a un grupo normal de hombres. En lesiones derechas los hombres calificaron peor que las mujeres en la selección, pareamiento y denominación de la emoción facial, y en la habilidad para distinguir prosodia.

>
> **Existe un lenguaje no verbal que es tan complejo y sutil como el hablado y que desempeña un papel muy importante en nuestra interacción interpersonal.**
> **"**

Tomadas juntas, las diferencias entre sexos se podrían resumir en los siguientes puntos:

1. Las mujeres son mejores o más exactas decodificadoras y codificadoras de señales emocionales que los hombres.
2. Algunos estudios han mostrado que el procesamiento emocional en las mujeres involucra mecanismos hemisféricos bilaterales, más comunicación interhemisférica y más actividad o mayor representación de zonas límbicas.
3. En todo el mundo la incidencia de depresión es mayor en las mujeres que en los hombres y la depresión está asociada con anormalidades neurobiológicas y endocrinas
4. Las diferencias entre géneros pueden ser también debidas a la acción diferencial de cromosomas. La neuroquímica cerebral contribuye a las diferencias intersexuales en la depresión. Se ha establecido que hay diferencias en la incidencia de distintas enfermedades debido al género, por ejemplo hay más tartamudez, hiperactividad y esquizofrenia entre los hombres y más depresión entre las mujeres.

Para concluir, señalamos que a pesar de que toda nuestra educación formal se enfoca en mensajes verbales, nuestras habilidades no verbales con frecuencia desempeñan un papel muy importante en nuestro éxito o en nuestro fracaso, muchas veces las palabras son la parte menos importante de una conversación. Existe un lenguaje no verbal que es tan complejo y sutil como el hablado y que desempeña un papel muy importante en nuestra interacción interpersonal. Sin duda el conocimiento de estos mensajes nos puede llevar a una mejor comprensión de nosotros mismos y a mejorar nuestras relaciones con los demás.

Pero... es que soy muy tímido

CAPÍTULO 10

LA TIMIDEZ Y LA TIMIDEZ EXTREMA (FOBIA SOCIAL)

La timidez se define como una falta de seguridad en uno mismo y en las relaciones con el prójimo, que, en general, tiene su origen en factores surgidos del interior de la persona, como un pobre autoconcepto y falta de confianza en sí mismo.

En el centro de nuestra existencia como seres humanos se encuentra un poderoso instinto o motivación a estar en contacto con otras personas. Existe amplia evidencia de que en la ausencia de contacto humano las personas pierden el amor, física y mentalmente, experimentan más enfermedades, estrés, depresión y suicidio que los individuos bien relacionados. Para un alto porcentaje de las personas, la timidez es la primera barrera para satisfacer las necesidades afectivas básicas.

Las estadísticas revelan que la timidez es muy frecuente, 40% a 48% de las personas se definen a ellas mismas como tímidas o dicen haber sentido la timidez, con más o menos intensidad en algún momento de su vida. Entre los adolescentes (etapa en donde predomina el miedo al fracaso social y la pérdida de la autoestima) 82% acepta que alguna vez fueron tímidos, 46% se consideran tímidos de forma general, 17% responde con timidez en determinados conceptos y sólo 18% dicen no haber sido nunca tímidos.

El 82% de las personas opinan que la timidez es una experiencia no deseable y desean trabajar en serio para vencerla.

Todos sufrimos de timidez en cierta medida, pero cuando es patológica, trastorna la estabilidad psicológica e impide la relación normal con los demás. Un estudio reciente de la Sociedad Psiquiátrica Americana reveló que un alto porcentaje de individuos es tan tímido o presenta una timidez tan extrema que se considera que sufren trastornos de fobia social. La timidez extrema está clasificada como el tercer trastorno de comportamiento después de la depresión y el abuso de drogas. La timidez de estos individuos afecta seriamente su funcionalidad diaria en actividades que van desde hablar con los compañeros de trabajo o de la escuela, hasta ordenar un café o un bocadillo en una cafetería.

La timidez extrema se puede observar a cualquier edad. En la escuela los tímidos son niños que no pueden funcionar en clase, no pueden participar, no tienen amigos, comen solos, y se la pasan aislados en la biblioteca. De adultos, no pueden conseguir trabajo porque no pueden manejar las entrevistas, sudan, tartamudean o no pueden hablar. Con frecuencia, y para agravar las cosas, no reciben tratamiento de especialistas y se quedan en casa confinados a un cuarto para evitar todo contacto con otras personas.

Se estima que cerca de 3 a 5% de las personas tímidas requieren tratamiento psicológico.

> **66**
> Un estudio reciente de la Sociedad Psiquiátrica Americana reveló que un alto porcentaje de individuos es tan tímido o presenta una timidez tan extrema que se considera que sufren trastornos de fobia social. La timidez extrema está clasificada como el tercer trastorno de comportamiento después de la depresión y el abuso de drogas.
> **99**

¿Cómo surge la timidez?

Una gran proporción de las personas ven la timidez como resultado de factores externos, producto de experiencias del medio como ambientes hostiles (familiares y con compañeros) o padres sobreprotectores.

Nuestro patrimonio genético no sólo determina el color de los ojos o la forma de la nariz, sino que además contiene información que configura la personalidad. Estudios recientes señalan que la timidez tiene una base genética y revelan diferencias en la fisiología cerebral de las personas tímidas y los sujetos extrovertidos. Existen diferentes tipos de personalidades. Una distinción ampliamente aceptada en psicología se refiere a la dimensión extroversión-introversión (orientación de la persona hacia el mundo externo o interno). El extrovertido es sociable, optimista y amigo de las bromas, mientras que el introvertido se muestra tranquilo, aislado y, a menudo, pesimista. Estas formas de responder parecen estar presentes desde el nacimiento y van a interactuar con el ambiente.

La base de los trastornos de ansiedad social es biológica. Históricamente, los humanos desarrollaron un cierto nivel de ansiedad para manejar el peligro y sobrevivir cuando los primitivos cazadores sólo disponían de palos y rocas para defenderse, por lo que podría ser

> **66**
> **Existen diferentes tipos de personalidades. Una distinción ampliamente aceptada en psicología se refiere a la dimensión extroversión-introversión (orientación de la persona hacia el mundo externo o interno). El extrovertido es sociable, optimista y amigo de las bromas, mientras que el introvertido se muestra tranquilo, aislado y, a menudo, pesimista.**
> **99**

más conveniente huir. Pero algunas personas experimentan más de esta ansiedad que otras, llegando incluso a un nivel que ya no representa un mecanismo protector sino dañino.

Investigadores de la Universidad de Harvard han realizado estudios longitudinales comparando y observando la reacción de bebés de entre dos y cuatro meses en situaciones nuevas. Encontraron un grupo de niños quienes al oír una voz extraña o ver un juguete voluminoso y de colores llamativos prestaban atención y se mostraban interesados; mientras que otros (alrededor de 30%) rompían a llorar y se agitaban con brusquedad. Este mismo grupo de niños a los tres años, durante su educación preescolar, se replegaban sobre sí mismos, trataban de pasar desapercibidos ante la profesora y se mostraban asustados cuando debían responder a una pregunta.

La actividad cerebral ofrece notables diferencias entre sujetos introvertidos y extrovertidos. Se ha encontrado que los niños introvertidos presentan una mayor actividad cerebral en la corteza frontal derecha, mientras que en los extrovertidos la mayor actividad se produce en la corteza cerebral izquierda.

Otro estudio también apoya el supuesto de que la reactividad del niño, algo que viene definido sobre todo por su excitabilidad emocional, anticipa ya, aunque sea en forma rudimentaria, la personalidad que tendrá de adulto. Stella Chess y Alexander Thomas hallaron que un individuo puede mostrarse, desde los primeros días de nacido, como de temperamento alegre y tranquilo o, por el contrario, manifestarse irritable, inquieto y difícil de consolar. Estos rasgos no sólo parecen innatos, sino que permanecen en el tiempo. Los niños que a los cuatro meses reaccionan de forma negativa a los cambios ambientales, serán sujetos temerosos e inhibidos durante el segundo año de vida. Los niños miedosos a los dos años, cuyas pruebas fisiológicas revelan ritmos cardiacos elevados y un sistema nervioso reactivo, siguen siéndolo a los siete años.

Los niños muestran, entonces, una individualidad distinta en su temperamento desde que nacen. El temperamento no es inmutable; durante el desarrollo las circunstancias externas pueden aumentar, disminuir o modificar las reacciones y conductas. La personalidad es moldeada por una interacción continua entre temperamento y medio ambiente.

Cuando hay consistencia entre las características y las demandas del medio, y si las dos influencias se armonizan, se puede esperar un desarrollo sano, pero si son disonantes, surgen problemas. Por ejemplo, la timidez puede consolidarse por influencia de los padres, quienes inhiben el desarrollo de la iniciativa de sus hijos al exteriorizar comentarios como "no salgas porque tú eres él más vergonzoso y no vas a conseguir nada", lo cual puede llegar a convertirse en ansiedad social, o suceder todo lo contrario, si se actúa de modo inverso. Aportar refuerzos positivos por medio de aceptación y comentarios edificantes puede debilitar la timidez del niño y lograr que se manifieste como un individuo introvertido y reservado, pero sin fobia o ansiedad ante las diversas situaciones sociales.

La opinión que se tiene de uno mismo (autoestima) es un componente muy importante de la conducta. ¿Cómo se desarrolla esta autoestima? Se ha descubierto que los niños desarrollan autoconfianza y la habilidad de manejar la adversidad si son tratados con respeto y educados con modelos y valores bien definidos; si se les demanda creatividad, se les estimula a ser independientes y se les guía en la solución de problemas.

El perfil de estos padres es de "déspotas benevolentes"; esto es, los padres definen los poderes, privilegios y responsabilidades de los miembros, pero respetan la disidencia, son persuasivos y en general abiertos para permitir que los niños externen su opinión acerca de los planes familiares.

Hay tres factores que parecen influir en el desarrollo de una alta autoestima en el niño:

1. Interés profundo y auténtico de los padres hacia el niño.
2. Guía clara, con reglas bien definidas de las conductas esperadas.
3. Castigos no corporales y respeto de la opinión de los niños.

El desarrollo de independencia y autoeficacia es fomentado por un ambiente bien estructurado y demandante en lugar de un ambiente con permisos ilimitados y libertad para explorar en forma no controlada.

> **66**
> **Se ha descubierto que los niños desarrollan autoconfianza y la habilidad de manejar la adversidad si son tratados con respeto y educados con modelos y valores bien definidos; si se les demanda creatividad, se les estimula a ser independientes y se les guía en la solución de problemas.**
> **99**

Dinámica interna del sujeto tímido

Una solución para la timidez es comprender cuál es su dinámica interna. Diferentes factores interactúan y es posible distinguir al menos tres de ellos.

➡ Algunos elementos cognoscitivos internos que operan dentro de los individuos.
➡ Ciertas dificultades de comunicación con otros individuos.
➡ Algunos factores externos que dificultan la interacción social.

Una característica distintiva de la timidez es la lentitud para ajustarse a una nueva situación. Los sujetos tímidos requieren un tiempo extra para adaptarse a situaciones novedosas o estresantes, incluyendo conversaciones cotidianas, reuniones sociales, y actividades laborales. Una aspecto muy importante en la conducta del sujeto tímido es su tendencia a hacer comparaciones sociales poco realistas. En un recinto repleto de personas, su atención se dirige a la persona más extrovertida, el alma de la fiesta, y se comparan con ellos, obviamente con desventaja. Por lo común, se evalúan en forma negativa, atribuyendo su ejecución negativa a características internas permanentes que no se pueden modificar: "nací tímido, no tengo el don de hablar".

Los sujetos tímidos son personas que tienden a tener una pobre autoimagen porque de continuo se sienten evaluados por otros, autoenfocándose en sus limitaciones, no observando que hay muchas personas como ellos. Si 48% de las personas son (o se consideran) tímidas, eso quiere decir que hay muchos individuos tímidos, y que de ninguna manera están solos o son la excepción.

> **66**
> **Los avances tecnológicos como el teléfono celular, internet y el correo electrónico están modificando la cultura en la que vivimos, aumentando la velocidad de la comunicación e intensificando su complejidad. Esta nueva cultura tecnológica ha alterado la interacción cotidiana, con consecuencias muchas veces negativas para el sujeto tímido.**
> **99**

La nueva cultura tecnológica

Los avances tecnológicos como el teléfono celular, internet y el correo electrónico están modificando la cultura en la que vivimos, aumentando la velocidad de la comunicación e intensificando su complejidad. Esta nueva cultura tecnológica ha alterado la interacción cotidiana, con consecuencias muchas veces negativas para el sujeto tímido. En este ambiente cultural somos impacientes, estamos acostumbrados a que las cosas sucedan cada vez más rápido, somos poco tolerantes para aquellos que son lentos en iniciar una actividad.

La sociedad no sólo es más rápida, sino más intensa, se requiere de mayor poder personal para ser reconocido. Las personas tienen que llamar la atención en formas extremas para ser notadas. Esto coloca a los individuos tímidos en mayor desventaja.

También está pasando que cada vez estamos más "desconectados", escuchamos música con nuestro *walkman* cuando nos transportamos o mientras trabajamos en la computadora. Nos movemos de nuestro cubículo a nuestro coche, a nuestra casa con vigilancia, manteniendo contacto con un círculo muy cerrado de amigos y familiares. A medida que otras personas se convierten en direcciones de correo electrónico o voces sin cara en el otro extremo de una transacción electrónica, se vuelve más fácil maltratarlos y no respetarlos. El costo de esta desconexión social es una pérdida cotidiana de civilidad y un aumento en la rudeza. Y de nuevo los tímidos pagan. Son los primeros en ser excluidos, o tratados con hostilidad.

A medida que nos acercamos a los limitantes de nuestra habilidad para manejar las complejidades de nuestra vida, empezamos a experimentar un estado de ansiedad. Nos acercamos o nos alejamos, y de hecho lo que vemos es ambos fenómenos en los que observamos un

incremento en la agresión, marcado por una pérdida general de normas y una retirada o aislamiento, la cual es una forma de timidez. La incidencia de timidez se ha incrementado 40 a 48% en la última década.

Estrategias de los tímidos

Los tímidos pasan mucho tiempo tratando de establecer compensaciones por su timidez, pero las estrategias que utilizan no son efectivas. Se fuerzan a ser extrovertidos, van a fiestas, bares, discotecas, lugares en los que se acercan a otros, lo cual es aceptable, pero por desgracia esperan que los demás hagan el trabajo, se aproximan y no interactúan. Mostrarse a los demás no es suficiente. Esto es un modo ineficiente de actuar porque le cede todo el control de la interacción al otro.

Con una especie de narcisismo, muchos tímidos piensan que todo lo que digan tiene que salir perfecto, sienten que todos los miran y juzgan. La segunda estrategia más popular es la autoinducción de pensamientos positivos, "soy guapo, bueno e inteligente", pero hablarse a uno mismo para no ser tímido no sirve, porque tienen que saber la manera de hablar a los demás y hay que estar en compañía de otras personas.

Otro grupo de tímidos ingiere drogas o alcohol para tener coraje, estos productos los desinhiben; sin embargo, esto no les aporta las habilidades sociales ni el conocimiento de cómo interactuar con otros. Muchos alcohólicos son tímidos porque piensan que las personas los van apreciar sólo si son extrovertidos, no como ellos son en realidad.

Otros han encontrado refugio en internet, pero esta interacción requiere menos esfuerzo que la interactividad cara a cara, por lo que esta salida incrementa la frustración y ocasiona dificultades para enfrentar situaciones de la vida real en donde se requieren habilidades sociales, las cuales tienen que ser aprendidas.

Ciertos sujetos tímidos desarrollan grandes capacidades imaginativas, con lo que no viven la realidad cotidiana sino que por medio de sus obras imaginarias sustituyen el mundo real por un entorno fantástico en el cual se sienten más seguros.

Habilidades involucradas en la interacción social

El problema más grave para los sujetos tímidos es la dificultad que les causa la interacción social. Su mayor problema es iniciar una relación. Tienen problemas con la presentación, asisten a fiestas, pero no sucede nada; tienen dificultades para desarrollar amistades. Si logran una relación íntima, la timidez ya no es problema, aunque es difícil llegar hasta este punto.

El ser humano es un ente social, y durante años los investigadores y la gente común han tratado de identificar las habilidades sociales. ¿Cuál es la causa de que algunas personas se vean interactuando con facilidad en reuniones y que inicien y mantengan una conversación en forma apropiada y exitosa? ¿Qué habilidades están involucradas en la interacción social?

Saber cómo iniciar, mantener y terminar una conversación es todo un arte. Los mecanismos por medio de los cuales las personas toman turnos en una conversación son verbales y no verbales, abiertos e

> **"**
> **Saber cómo iniciar, mantener y terminar una conversación es todo un arte. Los mecanismos por medio de los cuales las personas toman turnos en una conversación son verbales y no verbales, abiertos e implícitos.**
> **"**

implícitos. Las personas extrovertidas y sociables son altamente sensibles a estas claves. La comunicación no verbal desempeña un papel muy importante en nuestra interacción con otros. La investigación sugiere que alrededor de 60-65% del significado social se deriva de conductas no verbales.

A diferencia de otras reglas sociales, las reglas de interacción rara vez se especifican y, en consecuencia, las acciones conducentes usualmente se ejecutan sin planearlas. En la mayor parte de los casos sólo cuando la regla se rompe se hacen evidentes los factores que se encuentran involucrados. Por ejemplo, una regla básica de interacción social es la de que una sola persona habla a la vez y que debe haber cambios alternados entre todas las personas que participan en la conversación. Para que una conversación pueda desarrollarse con eficacia, las personas han desarrollado reglas o normas para tomar turnos. Se ha observado que una interacción de grupo en donde las personas se interrumpan continuamente unas a otras, o todos estén sentados en silencio esperando a que alguien hable representa una situación social no deseable. Tomar turnos evita que esto suceda mediante señalar en qué momento la persona quiere controlar el escenario y cuándo

>
> **Una regla básica de interacción social es la de que una sola persona habla a la vez y que debe haber cambios alternados entre todas las personas que participan en la conversación.** Para que una conversación pueda desarrollarse con eficacia, las personas han desarrollado reglas o normas para tomar turnos.
> **99**

desean que otro hable. Existen claves no verbales que ayudan a manejar interacciones con la toma de turnos en forma eficiente.

Los mecanismos mediante los cuales las personas toman turnos en una conversación son verbales y no verbales, explícitos e implícitos. Por ejemplo interrupciones o inatención pueden transmitir un mensaje de falta de respeto. Las personas se inclinan hacia adelante, hacen gestos y abren la boca levemente cuando quieren la oportunidad de hablar en grupo.

Otra clave social es el contacto visual. Los que escuchan miran más que los que hablan y el contacto visual aumenta cuando el que escucha quiere hablar. Estos modelos ayudan en la sincronización de la conversación. Existen, además, modelos de movimientos corporales, como cuando dos personas adoptan posturas similares (posturas en espejo), esto es un signo de semejanza, atracción, apertura y buena empatía.

Un comunicador competente puede detectar estas claves no verbales y finalizar una conversación en lugar de extenderla. Conocer la forma de iniciar, regular y finalizar una conversación es una clave no verbal muy importante en todas las interacciones sociales.

Cómo se puede vencer la timidez

Las personas tímidas piensan que el problema está dentro de ellos, pero paradójicamente la solución está fuera de uno. Para romper la prisión de la timidez se necesita detener las inseguridades y hacerse más consciente de las personas que nos rodean. Una vez que los sujetos tímidos aprenden a interesarse más en la vida de los demás, la timidez los deja de controlar. Algunas de las técnicas que se han propuesto para el manejo de la timidez son las siguientes.

Vida social

Hay que esforzarse para lograr habilidades sociales. Las personas populares se rodean de gente, obteniendo de esa forma amplias oportunidades para interactuar y mejorar sus conductas sociales. Hay que ir a fiestas e invitar personas. Es importante que te decidas salir con gente para conocerla mejor.

Pensar positivamente

Las personas inseguras tienden a aproximarse a los otros con ansiedad, tratando de probar que son dignos de interés. Pero las personas seguras de sí mismas esperan que los otros respondan en forma positiva, a pesar del hecho de que una de las tareas sociales más difíciles es unirse a una actividad que ya se está llevando a cabo.

Involucrarse en un reconocimiento social

Al igual que los detectives, las personas con altas habilidades sociales o con competencia social son muy hábiles para obtener información, siempre muestreando la escena para identificar detalles importantes que guíen sus acciones. Dirigen su atención hacia fuera, observando a los demás y escuchando activamente.

Las personas hábiles socialmente están entonadas en la expresión de emociones específicas, sensibles a las señales que transmiten esta información, así como también conocen cuáles son los intereses de las personas, si desean ser dejados solos o si hay lugar en una actividad para otra persona.

Para inferir con claridad lo que la otra persona siente, los hábiles socialmente son capaces de identificar y etiquetar sus propias expresiones con exactitud. Ahí es donde muchas personas, en especial los hombres, fallan.

En la parte verbal, hacen buenos comentarios conectados con lo que les están diciendo y con la situación social. Las personas agresivas hacen más intentos para reunirse con otros en una conversación, pero tienen menos éxito que los socialmente hábiles porque llaman la atención para ellos mismos, en lugar de encontrar una forma o la manera de introducirse o quedar en una actividad de grupo que ya está sucediendo.

Interesarse

Para tener una conversación no tienes que ser interesante tienes que estar interesado.

Entrar con elegancia en una conversación

El *timing* lo es todo, después de escuchar y observar en los alrededores de un grupo al que desean integrarse, los socialmente competentes buscan la oportunidad para entrar, conociendo que esto no sólo sucede, sino que aparece dentro de una señal en la conversación.

Entonado en una conversación o un tema activo, el participante hace preguntas o abunda en lo que alguien ya dijo. Este no es el tiempo para cambiar la dirección de la

> **66**
> Las personas agresivas hacen más intentos para reunirse con otros en una conversación, pero tienen menos éxito que los socialmente hábiles porque llaman la atención para ellos mismos, en lugar de encontrar una forma o la manera de introducirse o quedar en una actividad de grupo que ya está sucediendo.
> **99**

conversación, a menos que se llegara a un punto sin salida. Entonces puede ser prudente hacer una pregunta, tal vez acerca de algo relacionado con los sucesos del día o, si es posible, algo relacionado indirectamente con la discusión reciente. La idea es utilizar una pregunta abierta que integre a otros participantes. Por ejemplo, se pueden introducir comentarios como: "Hablando de las elecciones, ¿qué es lo que los demás opinan acerca de la decisión de Fox a competir?

> **66**
> El *timing* lo es todo, después de escuchar y observar en los alrededores de un grupo al que desean integrarse, los socialmente competentes buscan la oportunidad para entrar, conociendo que esto no sólo sucede, sino que aparece dentro de una señal en la conversación.
> **99**

Las personas admiran a los que toman el riesgo y proponen un tema de conversación, pero hay que estar seguro que sea de interés general. Entonces se encuentra en la posición deseable de rescatar al grupo, lo que le confiere aceptación y membresía inmediata. Una vez que la conversación sigue es prudente dejar de hablar para que otros opinen. Los fracasados sociales intentan dominar la discusión. Los que tienen confianza social saben que la meta es ayudar a que el grupo tenga una mejor conversación.

Aprender a manejar el fracaso

Es un hecho de la vida que todo mundo será alguna vez rechazado. Los rechazos les suceden aun a las personas populares. Lo que distin-

gue a los socialmente exitosos de los individuos comunes es la reacción al rechazo. No lo atribuyen a causas internas, como su propio desagrado o inhabilidad para hacer amigos. Asumen que puede resultar de muchos factores, incompatibilidad con el humor de alguien o un malentendido. Y algunas conversaciones son privadas.

Las personas seguras utilizan la retroalimentación para entrar en forma en otro *round* de aceptación. Cuando se enfrentan con un fracaso cambian una respuesta negativa en una contrapropuesta. Dicen: "podemos hacer una cita para la próxima semana", o se mueven a otro grupo con la expectativa de que no todas las conversaciones están cerradas. Y si rechazan a alguien lo hacen con tacto: "me encantaría hablar contigo más tarde".

Entrar en control de las emociones

Las situaciones sociales son complejas y dinámicas. Uno tiene que prestar atención a todo tipo de claves verbales y no verbales, como la expresión facial y el tono de la voz, interpretar el significado con exactitud, decidir la mejor respuesta para ese escenario y luego dar la respuesta, todo en cuestión de microsegundos. Nadie puede prestar atención o interpretar correctamente lo que sucede y me-

Nadie puede prestar atención o interpretar correctamente lo que sucede y menos actuar con habilidad sin un control razonable de su propio estado emocional. En especial emociones negativas como miedo y ansiedad son las que emergen, por lo común, en situaciones de conflicto o incertidumbre.

nos actuar con habilidad sin un control razonable de su propio estado emocional. En especial emociones negativas como miedo y ansiedad son las que emergen, por lo común, en situaciones de conflicto o incertidumbre.

Las personas más populares tienen un buen control de sus emociones, no interiorizan todos los sentimientos negativos sino que cambian su atención de situaciones estresantes hacia los aspectos positivos de una situación. En otras palabras tienen excelentes estrategias de manejo o de afrontamiento. No se convierten en demasiado reactivas a las emociones negativas de otros quienes utilizan la agresión o retirada del contacto social.

> **66**
> **Las personas sociables tratan de acomodar las necesidades de las dos partes. Manejar el conflicto sin agresión requiere escuchar, comunicar, argüir persuadir, tomar la perspectiva de los otros, controlar emociones negativas y resolver problemas. Cuando las personas explican sus puntos de vista con argumentos están haciendo movimientos conciliatorios.**
> **99**

Retrasar el desacuerdo

Dado que el conflicto es inevitable, manejar la confrontación es uno de los factores más críticos de las habilidades sociales. No es el grado del conflicto lo que hunde las relaciones, sino la manera en la que las personas lo resuelven. El desacuerdo, si se maneja bien, puede ayudar a que las personas se conozcan, mejoren su lenguaje, obtengan información valiosa y reafirmen su relación.

En lugar de combatir fuego con fuego, los hábiles sociales se detienen para que el conflicto no se haga mayor, se disculpan, proponen una actividad común, hacen las paces ofreciendo algún tipo de negociación. Algunas veces por sí mismos cambian el tema, lo cual no significa una sumisión extrema, porque no viola el principio de igualdad en una relación sana y con sentido de valor.

Las personas sociables tratan de acomodar las necesidades de las dos partes. Manejar el conflicto sin agresión requiere escuchar, comunicar, argüir persuadir, tomar la perspectiva de los otros, controlar emociones negativas y resolver problemas. Cuando las personas explican sus puntos de vista con argumentos están haciendo movimientos conciliatorios. Esto abre de inmediato la puerta para que la contraparte ofrezca una sugerencia que termine la discordia.

Reírse un poco

El humor es la señal más apreciada socialmente, la vía rápida para ser aceptado en todos los niveles de edades. El humor funciona incluso en situaciones amenazantes porque disminuye la negatividad. Esto significa que se trata de encontrar el lado positivo de la situación.

Vive feliz, no te deprimas por todo

CAPÍTULO 11

NEUROBIOLOGÍA DE LA DEPRESIÓN

"**L**as personas no están trastornadas por los sucesos mismos, sino por la visión que tienen de ellos." (Epictetus, filósofo griego, 2000 a. C.)

Todos experimentamos algunas veces tristeza y preocupación, pero cuando éstos sentimientos son excesivos e inapropiados a las circunstancias pasamos entonces de lo normal a lo patológico. Desde el punto de vista biológico las emociones tienen un sustrato orgánico en el cerebro, que en muchos casos es ya conocido. Sin embargo, en el caso de la depresión su contraparte orgánica, especialmente el estudio de sus bases neuroanatómicas, es reciente.

Todo mundo se siente infeliz en algunas ocasiones. Sin embargo, la persona que sufre de una depresión mayor experimenta episodios de profunda e incontrolable tristeza sin ninguna razón evidente. La depresión se describe como un intenso dolor emocional y una inhabilidad para experimentar placer. A la persona deprimida le falta energía y se vuelve menos activa. Puede tener dificultades para dormir o dormir más de lo usual; también disminuye su apetito. El contenido del pensamiento se afecta. En la depresión mayor se encuentra un pensamiento persistente de culpa y de fracaso. La persona piensa con frecuencia en la muerte o en cometer suicidio. En contraste con la experiencia normal de tristeza por la pérdida de un ser querido, la de-

presión mayor no surge simplemente en respuesta a un estrés específico y disminuye sólo con el tratamiento de antidepresivos.

La depresión es la alteración más frecuente del estado de ánimo. Se observa en 5 a 10 % de la población general, siendo más frecuente en las mujeres que en los hombres y apareciendo en particular entre los 25 y 35 años de edad. En un informe de la Organización Mundial de la Salud se reporta que 340 millones de personas en el mundo sufren depresión. En México, se estima que entre 6 y 8 por ciento de la población general ha sufrido de depresión. Se estima que para el 2020 la patología provocará más pérdida de años de vida saludable, sólo superada por las enfermedades cardiacas.

Debido a la disponibilidad de mejores técnicas de reconocimiento se ha logrado establecer que el índice de depresión va en aumento. Este incremento es motivado por la presencia de algunos factores de tipo psicosocial. Las exigencias y las expectativas modernas son tan altas y variadas, que las posibilidades de que un individuo se frustre y se sienta fracasado son muy altas. La pérdida de valores y el creciente deterioro de la solidez en las relaciones interpersonales son otros factores de

> **66**
> **En un informe de la Organización Mundial de la Salud se reporta que 340 millones de personas en el mundo sufren depresión. En México, se estima que entre 6 y 8 por ciento de la población general ha sufrido de depresión. Se estima que para el 2020 la patología provocará más pérdida de años de vida saludable, sólo superada por las enfermedades cardiacas.**
> **99**

riesgo para tener en cuenta. El apoyo social es un elemento de protección contra la depresión y otras patologías psicológicas.

Sin embargo, aún no está del todo claro cuáles son los factores que precipitan a algunas personas a deprimirse. En algunas personas la depresión es persistente, convirtiéndose en una enfermedad crónica. Muchas personas tienen un solo episodio depresivo; pero hay personas que tienen dos episodios y otras que pueden tener muchos episodios recurrentes.

> **66**
>
> **Debido a una serie de razones no del todo conocidas, las mujeres son más propensas a la depresión que los hombres. Cuando se les pide a las mujeres que piensen en algo triste, generan más actividad emocional en su cerebro que los hombres. Esto sugiere que las mujeres tienen reacciones emocionales más fuertes a pensamientos y recuerdos autogenerados.**
>
> **99**

La depresión representa un peligro para la vida. Entre 10 y 15 % de las personas que padecen depresión grave se suicidan o intentan suicidarse. Según la Organización Mundial de la Salud el suicidio aparece en noveno lugar entre las causas de muerte (un poco por detrás del SIDA).

La depresión es un dolor diferente a cualquier enfermedad, es una tristeza patológica. En la actualidad, uno de los problemas para su estudio y detección es que se utiliza el término "depresión" para dar la idea de tristeza o infelicidad o para referirse a sucesos triviales de la vida cotidiana que nada tienen que ver con la depresión.

La depresión es una enfermedad tan grave y letal como el cáncer; sin embargo, los crecimientos tumorales se pueden observar a simple vista, pero la tristeza patológica sólo la puede sentir el individuo. La parte del cuerpo afectada en la depresión es la que produce los sentimientos y pensamientos, la depresión es real pero también subjetiva. Y, como enfermedad de la mente, es muy sensible a las actitudes que las personas manifiesten hacia ella. Por lo general las actitudes de la gente que rodea al deprimido son negativas, despectivas y, en su mayor parte, ignorantes de que estos sentimientos constituyan una enfermedad.

Podemos concluir que así como el cáncer es un crecimiento de tejido maligno, la depresión es una tristeza patológica.

Existen factores de riesgo que hacen que algunas personas sean más propensas a sufrir cierto tipo de depresión que otros: la edad, la influencia del entorno, las experiencias infantiles y los rasgos de personalidad son algunos de ellos. Debido a una serie de razones no del todo conocidas, las mujeres son más propensas a la depresión que los hombres. Cuando se les pide a las mujeres que piensen en algo triste, generan más actividad emocional en su cerebro que los hombres. Esto sugiere que las mujeres tienen reacciones emocionales más fuertes a pensamientos y recuerdos auto-generados.

La herencia tiene un peso importante y la existencia de antecedentes familiares triplica el riesgo de padecerla. Existe, entonces, un componente genético: la depresión y la manía aparecen con frecuencia dentro de círculos familiares. Hay probabilidad de que los parientes cercanos (hijos, hermanos padres) de los individuos afectados padezcan la misma enfermedad con una frecuencia mayor que el resto de la población. Los estudios de gemelos idénticos y no idénticos respaldan la tesis de un componente hereditario. Se ha afirmado que varios genes propician la depresión, y se ha propuesto que los cromosomas 11, 18 y 21 así como el X, podrían estar involucrados.

Se ha observado también depresión o trastornos afectivos estacionales causados, al parecer, por la falta de sol en el invierno. Su aparición se incrementa durante los meses de invierno en los países en los cuales los cambios estacionales son muy notables, como es el caso de los países nórdicos. La afección mejora de modo notable al exponer a los sujetos a periodos prolongados de luz artificial. Una de las hipótesis es que la luz con un espectro y luminosidad determinada, hace que la glándula pineal secrete serotonina, neurotransmisor que contrarresta el cansancio y el desánimo. Por tanto, para su tratamiento se utilizan lámparas con ciertas frecuencias de intensidad.

La depresión ha sido llamada "espíritu de la década", aunque no es nueva, los médicos la han descrito desde los tiempos de Hipócrates, el padre de la medicina, la llamaban "melancolía". Los 2500 años transcurridos han aportado poca información acerca de su cura y prevención, sin embargo, hoy en día los estudios bioquímicos y las nuevas técnicas de neuroimagen nos han permitido observar qué sucede en el cerebro de los pacientes deprimidos.

El *Manual de diagnóstico estadístico de los desórdenes mentales*, en su cuarta edición de 1994 (DSM-IV), incluye un listado de síntomas depresivos que se pueden agrupar en cuatro grandes categorías:

1. Trastornos del estado de ánimo: llanto, pesimismo, culpa, ansiedad, baja autoestima, disforia (falta de placer) e ideación suicida.
2. Componente motor: lentificación motora o hipoquinesia, y algunas veces, hiperactividad e inquietud.
3. Trastornos somáticos: trastornos del sueño, del apetito, de la libido.

4. Trastornos cognoscitivos: trastornos de la atención, concentración y de las funciones ejecutoras.

Existen opiniones muy diferentes para explicar las causas de la depresión. La psicología y la psiquiatría la han tratado como un trastorno "mental." Dentro de la psicología las corrientes conductistas hablan de la desesperanza aprendida, mientras que los freudianos consideran la melancolía como una respuesta a la pérdida del objeto amado, y la depresión como el duelo de dicha pérdida. La psiquiatría biológica se ha enfocado en los aspectos moleculares y bioquímicos.

¿Qué es la depresión?

La depresión se refiere a un sentimiento de tristeza, desesperanza, autodevaluación y desinterés en las cosas que usualmente son una fuente de placer. También se refiere a tener pensamientos negativos o pesimistas. La depresión se convierte en depresión clínica (severa) cuando aparecen síntomas físicos como cambios en el sueño, apetito, concentración, energía e interés sexual. Los síntomas de la depresión clínica afectan la funcionalidad diaria. Puede durar de dos a 20 semanas e incluso más.

Existen factores de riesgo que hacen que algunas personas sean más propensas a sufrir cierto tipo de depresión que otros: la edad, la influencia del entorno, las experiencias infantiles y los rasgos de personalidad son algunos de ellos.

¿Cómo ocurre la depresión?

Los cambios emocionales caracterizados por sentimientos de tristeza, desesperanza y autodevaluacion pueden estar asociados con:

➠ Trastorno de depresión mayor o una depresión crónica
➠ Complicación de otra enfermedad psiquiátrica o médica
➠ Uso de ciertos medicamentos o estimulantes
➠ Cambios bioquímicos en el cuerpo (por ejemplo, después de dar a luz o durante la menopausia)
➠ Abuso de alcohol o estimulantes.

>
> **Los tratamientos de la depresión más frecuentes incluyen la psicoterapia y el uso de antidepresivos. La psicoterapia puede ayudarnos a manejar la pérdida de control. Una aproximación frecuente es la llamada terapia cognitiva.**
> **99**

Causas que provocan la depresión

La causa exacta no se conoce, y se ha propuesto que en este caso existe un desbalance bioquímico en ciertas partes del cerebro. En muchos casos los factores genéticos hereditarios están involucrados. Se han identificado algunos factores de riesgo en la depresión, como son: historia familiar de depresión, ansiedad, alcoholismo y adicción a las drogas.

En la depresión pueden observarse por lo menos dos de los siguientes síntomas durante la mayor parte del día, al menos durante dos semanas.

Síntomas de la depresión

➠ Sentimiento de tristeza

➠ Pérdida de interés o falta de placer en las actividades cotidianas

Además, la depresión mayor incluye cuatro de los siguientes síntomas:

➠ Cambios en el apetito y peso corporal

➠ Cambios en el sueño (hipo o hipersomonio)

➠ Fatiga y pérdida de energía

➠ Incremento de la actividad física e inquietud general

➠ Decremento del interés sexual

➠ Sentimientos de autorreproche o culpa inapropiados

➠ Dificultad para pensar claramente y concentrarse

➠ Dificultades de memoria

➠ Pensamientos o planes suicidas

➠ Dificultad en las relaciones interpersonales

Diagnostica la depresión

Se buscan una serie de síntomas con el paciente y un familiar. Examen físico, determinar si no hay condiciones médicas, abuso de alcohol o estimulantes ilegales que estén contribuyendo para la aparición de cuadros depresivos.

Tratamiento de la depresión

Los tratamientos más frecuentes incluyen la psicoterapia y el uso de antidepresivos. La psicoterapia puede ayudarnos a manejar la pérdida de control. Una aproximación frecuente es la llamada terapia cognitiva. Dura generalmente entre 12 y 20 semanas. Durante las sesiones se le ayuda a la persona a identificar la visión poco realista de uno mismo, del mundo y del futuro. Se trata de identificar los pensamientos depresivos y desarrollar pensamientos y patrones de conducta que contrarresten los pensamientos depresivos.

Los antidepresivos mejoran la sintomatología después de tres a seis semanas de iniciarse. Es recomendable continuar el tratamiento por lo menos de seis a nueve meses. Se recomienda la hospitalización en casos con alto riesgo de suicidio.

¿Qué sucede en el cerebro?

Desbalance bioquímico: en los años 50 del siglo XX se descubrió que 15% de los pacientes hipertensos a quienes se prescribía reserpina mostraban depresión severa. Por coincidencia, este fármaco es provocador de una caída de las llamadas monoaminas (serotonina, noradrenalina y dopamina, neurotransmisores que poseen un grupo funcional amino). Casi al mismo tiempo se observó que otro fármaco indicado para el tratamiento de la tuberculosis aumentaba el ánimo de pacientes deprimidos. Este fármaco inhibía la degradación de la monoaminoxidasa (MAO) y aumentaba la cantidad de los neurotransmisores. Se postuló entonces que el mal funcionamiento de los circuitos de la serotonina, de la noradrenalina o de ambos favorece la depresión en muchos individuos.

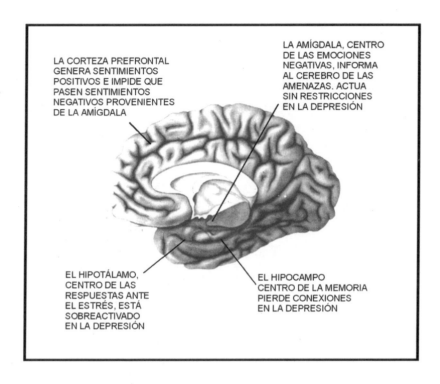

LA CORTEZA PREFRONTAL GENERA SENTIMIENTOS POSITIVOS E IMPIDE QUE PASEN SENTIMIENTOS NEGATIVOS PROVENIENTES DE LA AMÍGDALA

LA AMÍGDALA, CENTRO DE LAS EMOCIONES NEGATIVAS, INFORMA AL CEREBRO DE LAS AMENAZAS. ACTUA SIN RESTRICCIONES EN LA DEPRESIÓN

EL HIPOTÁLAMO, CENTRO DE LAS RESPUESTAS ANTE EL ESTRÉS, ESTÁ SOBREACTIVADO EN LA DEPRESIÓN

EL HIPOCAMPO CENTRO DE LA MEMORIA PIERDE CONEXIONES EN LA DEPRESIÓN

Imágenes en el cerebro

Durante los últimos años, las técnicas de neuroimágenes nos han permitido observar la neurobiología de la depresión, mostrando qué sucede en el cerebro de las personas a medida que procesan experiencias negativas y positivas. Estudios con tomografía por emisión de positrones (PET) sugieren una causa física como provocadora de este trastorno. Se han estudiado, por ejemplo, pacientes con depresión unipolar que también tenían padres, hermanos o hijos con depresión unipolar, pero sin historia familiar de alcoholismo, personalidad antisocial o manía. Esta condición es conocida como enfermedad depresiva familiar. Se encontró un incremento en la circulación sanguínea en la corteza frontal izquierda y un decremento en los lóbulos temporales y parietales. Participaban también áreas del cíngulo anterior, la superficie lateral del lóbulo frontal, incluyendo algunas áreas cerebrales que usualmente se activan cuando se generan verbos y sustantivos (áreas relacionadas con el lenguaje).

> **66**
> **La corteza del cíngulo es muy importante porque es una de las pocas áreas corticales que se conectan con el hipotálamo, una zona cerebral profunda que controla la respuesta al estrés. La corteza del cíngulo ayuda entonces indirectamente a coordinar la respuesta hormonal del cuerpo a los estímulos estresantes**
> **99**

Hace apenas un par de años se encontró que las personas deprimidas no sólo tienen una alteración en los niveles de activación de la corteza sino que existen diferencias estructurales y anatómicas, en un área que se encuentra a unos seis centímetros atrás del puente de la nariz, conocida como cíngulo ventral anterior. Esta área se observó que era 40% más pequeña en los pacientes depresivos. La corteza del cíngulo es muy importante porque es una de las pocas áreas corticales que se conectan con el hipotálamo, una zona cerebral profunda que controla la respuesta al estrés. La corteza del cíngulo ayuda entonces indirectamente a coordinar la respuesta hormonal del cuerpo a los estímulos estresantes *(véase ilustración 4).*

Los pacientes en remisión de la depresión muestran un decremento en la actividad de esta área cuando su estado de ánimo regresa a la normalidad. Esto podría ser contradictorio, porque se esperaría un regreso al metabolismo normal y no una actividad menor. Se piensa que esta área está reducida en tamaño y trabaja más cuando se hallan en estado maniaco o depresivo y descansa cuando el estado de ánimo regresa a la normalidad.

Es interesante notar que a pesar de que el cerebro de los deprimidos generalmente esta subactivado, ciertas áreas cerebrales muestran una sobreactividad.

En general, el cerebro de las personas deprimidas está menos activado que el cerebro de las personas normales, y suceden en él menos cosas de las que deberían suceder. Esto explica el sentimiento general de lentificación, letargia, vacío y de falta de excitación que estas personas sienten. Los lóbulos frontales están drásticamente subactivados. El área frontal afectada participa en la regulación de las acciones auto-dirigidas. Otras áreas subactivadas en las personas deprimidas incluyen partes de los lóbulos parietales y temporales que están asociados con la atención y, en particular, con la atención hacia el mundo externo. Esto sugiere que el cerebro de la persona deprimida se activa "hacia adentro", hacia sus propios pensamientos, en lugar de activarse hacia lo que nos rodea en el mundo externo. Esto podría explicar por qué las personas deprimidas son menos reactivas al mundo externo y más apegadas en sus propios problemas. En la depresión el sistema neuronal involucrado en el procesamiento de la información externa y el mantenimiento de un estado de alerta se suprimen y se favorecen los sistemas involucrados en procesar información generada internamente: los propios pensamientos y emociones.

Se ha encontrado que el lóbulo frontal se activa en sujetos normales cuando trabajan en una prueba de memoria que consiste en obtener recuerdos de la memoria a largo plazo. También se activa en personas normales cuando se les pide que piensen en cosas tristes que les hayan sucedido. Esto sugiere que su papel se relaciona con la conservación de los recuerdos a largo plazo en la conciencia. Otra área cerebral involucrada en la depresión es la amígdala, la cual es responsable de los sentimientos negativos. Otra más es la parte superior medial del tálamo, que se sabe estimula a la amígdala. Otra región cerebral que participa en la depresión es la corteza del cíngulo anterior. El cíngulo anterior se activa en especial cuando registramos cosas que están dentro de nuestro cerebro —como dolor— en lugar de aquellas que están fuera.

Un punto relevante en los circuitos de la depresión es la corteza prefrontal. Esta área cerebral detrás de la frente actúa como una rama ejecutiva de las emociones. La corteza prefrontal izquierda es crucial para establecer y mantener sentimientos positivos, mientras que la corteza prefrontal derecha se relaciona con sentimientos negativos. Los individuos deprimidos tienen una alteración en la corteza prefrontal izquierda. Estas fallas se observan en estudios electroencefalográficos de las respuestas cerebrales y en PET, hallándose un decremento en la circulación sanguínea y en el metabolismo cerebral. El paciente deprimido no activa en forma apropiada las estructuras cerebrales necesarias para procesar emociones positivas o para responder a los estímulos positivos.

Los pacientes con daño en la corteza prefrontal persisten en estrategias inapropiadas para la solución de una tarea. Los pacientes reportan que sus pensamientos son intrusivos y muy difíciles de descontinuar. La disfunción en el lóbulo frontal interfiere con la habilidad para cambiar de emoción y pensamiento. Esto ayuda a expli-

car por qué las personas deprimidas son repetitivas y aun obsesivas en sus emociones y pensamientos.

Si esta interpretación de los estudios de neuroimágenes es correcta, explicaría varias características de la depresión. La acción del cíngulo anterior de concentrar la atención en recuerdos miserables, explica por qué los remedios usuales para la infelicidad —como tomar unas vacaciones— generalmente no funcionan. La falta de activación en la corteza frontal medial por debajo del cuerpo calloso (denominado el centro de control emocional) explica el sentimiento de falta de sentido o significado y el estado de ánimo bajo, que acompañan a la depresión. La intervención de la amígdala explicaría por qué se experimenta la tristeza sin una razón externa.

> **"**
> **En la depresión hay, entonces, una pérdida de la habilidad para adaptarse a nuevas situaciones y encontrar soluciones exitosas a los problemas. Para el psicoanálisis freudiano, esto es resultado de algunos sentimientos que se reprimen desde la infancia en las relaciones paternas. Para la psiquiatría biológica la depresión surge de un desbalance bioquímico en el cerebro.**
> **"**

¿Qué causa los sentimientos negativos?

Una de las características más debilitantes de la depresión es la inhabilidad de los afligidos por este mal para encontrar la salida, e imaginar formas alternativas de ser y hacer, incapacidad que se asocia con un flujo constante de pensamientos negativos. En la depresión hay, entonces, una pérdida de la habilidad para adaptarse a nuevas situaciones y encontrar soluciones exitosas a los problemas. Para el psicoanálisis freudiano, esto es resultado de algunos sentimientos que se reprimen desde la infancia en las relaciones paternas. Para la psiquiatría biológica la depresión surge de un desbalance bioquímico en el cerebro. Para el terapeuta cognoscitivo, representa un pensamiento distorsionado.

> **“**
> **Para el tratamiento médico de la depresión grave es útil el uso de antidepresivos, pero la terapia cognitiva también puede ser muy efectiva.**
> **”**

A pesar de que la terapia cognitiva es relativamente nueva para los profesionales de la salud mental, esta aproximación fue propuesta dos mil años atrás por el filósofo griego Epictetus, quien dijo que las personas no están trastornadas por los sucesos mismos, sino por la visión que tienen de ellos. Shakespeare lo describe en *Hamlet*: "No hay nada bueno o malo, sino que el pensamiento lo hace".

Algunos de nuestros problemas emocionales pueden surgir de traumas tempranos, abuso, maltrato, y desesperanza aprendida. La terapia freudiana dedica mucho tiempo a entender el pasado para aprender a reaccionar frente a situaciones potencialmente deprimentes en el presente. Algunos problemas psicológicos son causados por un desbalance químico cerebral. Para el tratamiento médico de la depresión grave es útil el uso de antidepresivos, pero la terapia cognitiva también puede ser muy efectiva.

Acontecimientos relacionados con el estrés pueden desencadenar 50% de toda la depresión y los sucesos estresantes en la niñez pueden provocar que las personas sufran posteriormente depresión. Investigaciones en laboratorio con animales y sujetos humanos demuestran que experiencias negativas pueden alterar los circuitos neuronales que controlan la emoción, exagerando las respuestas posteriores al estrés y creando los cambios neuroquímicos y de comportamiento de la depresión.

Trampas emocionales depresivas

Las personas depresivas tienden a tener ciertos estilos de pensamiento, que mantienen y hasta incrementan el estado depresivo, como son:

1. Todo o nada. Vemos las cosas como blanco o negro. Si no somos perfectos, somos entonces un completo fracaso. Si cometemos un error en el trabajo, decidimos que nos van a despedir; si sacamos 7 en un examen, es el fin del mundo.
2. Etiquetar. Cuando cometemos un error, en lugar de reconocerlo nos ponemos etiquetas: "soy un idiota", "no soy una persona deseable o digna de que me quieran".
3. Sobregeneralización. Usamos en forma excesiva palabras como *siempre* o *nunca*. Se nos cae algo y pensamos "siempre soy incoordinado"; o cometemos un error y decimos: "nunca hago las cosas bien".
4. Filtraje mental. Ante situaciones complicadas que involucran elementos positivos y negativos, recalcamos sólo los negativos. Filtramos todos los comentarios positivos y nos flagelamos di-

ciendo que somos un desastre. La menor crítica implica que no nos quieren, que nos van a correr, que fracasamos en la vida.

5. Rechazar lo positivo. Frases como: "Estuviste muy bien" no se tienen en cuenta, mientras las frases como: "De seguro eso no fue suficientemente bueno" o "cualquiera lo puede hacer" están todo el tiempo presentes.

6. Saltar conclusiones. Asumimos lo peor sin basarnos en las evidencias. Tratamos de adivinar lo que piensan los otros y decidimos que todas las personas están reaccionado en forma negativa hacia nosotros. Dos compañeros de trabajo están platicando y cuando nos acercamos guardan silencio; puede ser que hayan terminado de platicar, pero asumimos que están hablando mal de nosotros. Jugamos a ser adivinos y predecimos el peor escenario.

7. Exageración y magnificación. Exageramos las inconveniencias de detalles pequeños; olvidamos cerrar una ventana cuando llueve e imaginamos que vamos a tener una inundación, una catástrofe.

8. Razonamiento emocional. Identificamos nuestras emociones como si fueran la realidad. Si me siento nervioso por volar en avión, entonces esto deber ser muy peligroso; me siento culpable por olvidar el cumpleaños de mi hermano, entonces soy una mala persona. Me siento solo, entonces soy una mala compañía.

9. Enunciados de lo que se debe y no se debe hacer. Si estamos en un juego y fallamos, deberíamos haber metido el gol, no deberíamos haber fracasado.

10. Personalizar la culpa. Nos hacemos responsables de cosas que no están bajo nuestro control. Si nuestro hijo se porta mal en la escuela, decimos que somos malos padres. Llegamos tarde a una cita porque el tráfico era excesivo y decimos que somos unos irresponsables.

Autoevaluación de la depresión

Marca la frecuencia de cada uno de los síntomas que sentiste la semana pasada, incluso el día de hoy.

0 = Poco

1 = Algunas veces

2 = Con frecuencia

3 = Severamente

1. ¿Te has sentido triste? .... ____

2. ¿Te has sentido descorazonado por el futuro? .... ____

3. ¿Te has sentido como un fracasado? .... ____

4. ¿Te has sentido desilusionado de ti mismo? .... ____

5. ¿Has sentido que estás siendo castigado? .... ____

6. ¿Has tenido sentimientos de culpa y pena? .... ____

7. ¿Has tenido dificultad para tomar decisiones? .... ____

8. ¿Has perdido interés en la gente? .... ____

9. ¿Has perdido el placer o la
satisfacción en la vida? ....

10. ¿Has perdido el interés en tu trabajo? ....

11. ¿Te has sentido exremadamente cansado? ....

12. ¿Has tenido dificultad para
dormir o has dormido demasiado? ....

13. ¿Has tenido cambios en el apetito
(aumento o disminución)? ....

14. ¿Te ha preocupado tu salud? ....

15. ¿Has perdido el interés en el sexo? ....

16. ¿Has tenido pensamientos suicidas? ....

Interpretación

0 a 7 puntos .... Normal.

8 a 20 puntos .... Depresión leve.

21 a 30 puntos ...... Depresión moderada.

31 a 48 puntos ...... Depresión severa.

Formas de corregir: Estrategias cognoscitivas

A través de los años se han venido desarrollando y utilizando diferentes estrategias cognoscitivas que en algo pueden ayudar a aliviar los sentimientos de depresión y minusvalía. Durante los últimos años la terapia cognoscitiva ha dedicado un gran esfuerzo al control de la depresión. Algunas de estas estrategias son:

1. Lo que le dirías a un amigo: En general somos más duros con nosotros mismos que con los demás. Haz una evaluación de ti mismo como lo harías a un amigo.

2. Examinar la evidencia: Hacemos muchos juicios sobre nosotros mismos con evidencia pobre y muchas veces distorsionada.

3. Experimentar. Si nos dicen que somos egoístas, ver si es cierto. En verdad ¿no ayudamos a los compañeros de trabajo?

4. Buscar el éxito parcial. En lugar de pensar que nuestro matrimonio fue un fracaso total, por ejemplo, considerar que en muchos aspectos fue exitoso. Por ejemplo, que tenemos hijos que están logrando una carrera.

> **"**
> **Para el tratamiento médico de la depresión grave es útil el uso de antidepresivos, pero la terapia cognitiva también puede ser muy efectiva.**
> **"**

5. Llevar a cabo una encuesta. Preguntar si somos realmente egoístas y malos, como alguien dice de nosotros.

6. Definir los términos. Nos dicen que somos ciegos o tontos porque no vimos algo; tal vez éramos demasiado confiados y generosos. Una misma situación se puede calificar con términos positivos o negativos.

Pasos para sentirse mejor

1. Escribir o hablar fuerte acerca de los pensamientos negativos y analizar si son reales o algo ilógicos. También ayuda poner distancia entre uno y los pensamientos negativos, así como analizar y detectar un pensamiento distorsionado.

2. Identificar el hecho que nos molesta. ¿Qué es en especial? ¿Perdimos la cita, fuimos negligentes?, etcétera.

3. Identificar las emociones negativas. Enojado, culpable, frustrado.

4. Identificar las emociones negativas que acompañan los pensamientos negativos: "cada vez que tengo un error me regaño a mí mismo"; "no llegué a la cita, todos van a pesar que soy un padre irresponsable".

5. Identificar distorsiones y sustituirlas por respuestas racionales: "lo de arriba no es cierto, la gente no piensa que soy mal padre porque no llegué a la cita".

6. Reconsiderar el enojo o la molestia.

7. Planear acciones correctivas.

8. Aceptar tus limitaciones, sin sentirte avergonzado por ellas.

>
> **La mayor parte de los eventos que nos producen ansiedad y depresión no son por sí mismos malos. Lo que nos hace sentir alterados es la manera como reaccionamos a ellos.**

La mayor parte de los eventos que nos producen ansiedad y depresión no son por sí mismos malos. Lo que nos hace sentir alterados es la manera como reaccionamos a ellos.

Cómo nos podemos ayudar

1. Identifica las actividades que te hacen sentir un poco mejor y trata de realizarlas. Haz cosas, participa en actividades aun cuando no tengas muchas ganas de hacerlo.
2. No te aísles socialmente. Participa en un grupo de apoyo, habla con tu familia y amigos. Pide ayuda si sientes que la cantidad de trabajo que estás haciendo es excesiva.
3. Come alimentos nutritivos y bien balanceados. Evita el uso del alcohol y de drogas ilegales.
4. Ejercítate en forma regular, varias veces a la semana
5. En la medida de lo posible, trata de descansar y de seguir patrones de sueño regulares.
6. Utiliza la revisualización o técnicas de imágenes mentales, de buenas experiencias, desarrolla y mantén la actitud de que las cosas van a salir bien.
7. Aprende técnicas positivas y nuevas para resolver problemas.
8. Busca ayuda si tienes pensamientos suicidas.

>
> **No te aísles socialmente. Participa en un grupo de apoyo, habla con tu familia y amigos. Pide ayuda si sientes que la cantidad de trabajo que estás haciendo es excesiva.**
>

Obras de consulta sobre el tema

B I B L I O G R A F Í A

Adarns, J. L. (1986). *The Care and Feeding of Ideas: A Guide to Encouraging Creativity*. Reading, Mass.:Addison-Wesley.

Amabile, T. M. (1983). *The Social Psychology of Creativity*. New York: Springer-Verlag.

American Psychiatric Association .*Diagnostic and Statistical Manual of Mental Disorders* (4th ed.). Washington, D.C.: American Psychiatric Association .

Ardila, A., Ostrosky-Solís, F..(1991) *Daño Cerebral: Un enfoque Neuropsicológico*. México. Trillas.

Baker, J. G., Zevon, M. A., Rounds, 1. B. (1994). "Differences in Positive and Negative Affect Dimensions: Latent Trait Analysis." *Personality and Individual Differences, 17(2)*, 161—167.

Barron, F.,Harrington, D. M. (1981). "Creativity, Intelligence, and Personality" *Annual Review of Psychology 32*, 439—476.

Basadur, M., Graen, G., Wakabayashi, M. (1990). "Identifying Differences in Creative Problem Solving Style." *Journal of Creative Behavior, 24(2)*, 111—131.

Belenky, M. F., Clinchy, B. M., Goldberger, N. R., Tarule, J. M. (1997). *Women's Ways of Knowing: The Development of Self Voice, and Mind* . New York: Basic Books.

Biederrnan, J., Faraone, S. (1996, Winter). "Attention Deficit Hyperactivity Disorder." *On the Brain* (Harvard Mahoney Neuroscience Institute Letter), pp. 4—7.

Birdwhistell, R. L. (1970). *Kinesics and Context Essays on Body Motion Communication.* Philadelphia:
University of Pennsylvania Press.

Bjork, R. (1994). "Memory and Metamemory Considerations in the Training of Human Beings." En J. Metcalfe A. P. Shimamura (Eds.), *Metacognition:* Knowing *About Knowing* (pp. 185—206). Cambridge Mass.: MIT Press.

Black, J. B. (1991). *Information in the Brain: A Molecular Perspective.* Cambridge, Mass.: MIT Press.

Boden, M. A. (1990). *The Creative Mind: Myths and Mechanisms.* New York: Basic Books.

Bolles, E. B. (1988). *Remembering and Forgetting: An Inquiry into the Nature of Memory.* New York:
Walker.

Borod, I (1999). *The Neuropsychology of Emotion.* Oxford: Oxford University Press.

Brody, N. (1992). *Intelligence* (2nd ed.). Orlando: Academic Press.

Buzan, T (1991). *Use Your Perfect Memory* (3rd ed.). New York: Penguin Books.

Calvin, W H. (1996). *How Brains Think: Evolving Intelligence, Then and Now.* New York: Basic Books.

Carnpbell, D. (1997). *The Mozart Effect.* New York: Avon.

Caplan, P. I., Crawford, M., Hyde, I. S.,Richardson, J.T. (1997). *Gender Differences in Human Cognition.* New York: Oxford University Press.

Crawford, M., Gentry, M. (Eds.). (1989). *Gender and Thought.* New York: Springer-Verlag.

Csikszentmihalyi, M. (1990). *Flow: The Psychology of Optimal Experience.* New York: HarperCollins.

Damasio, A. R. (1994). *Descartes' Error: Emotion, Reason and the Human Brain.* New York: Grosset & Dunlap.

Díamond, J (1997b). *Why Is Sex Fun? The Evolution of Human Sexuality.* New York: Basic Books.

Dossey, L. (1996). *Healing Words: The Power of Prayer and the Power of Medicine.* San Francisco: Harper San Francisco.

Ekman, P. (1985). *Telling Lies.* New York: Norton.

Fisher, H. E. (1995). *Anatomy of Love: A Natural History of Mating Marriage, and Why We Stray* New York:Fawcett.

Folkins, C. H., Sime, W E. (1981). "Physical Fitness Training and Mental Health." *American Psychologist, 36(4),* 373-389.

Gardner, H. (1983). *Frames of Mind: The Theory* of *Multiple Intelligences.* New York: Basic Books.

Gardner, H. (1985). *The Mind's New Science: A History of the Cognitive Revolution.* New York: Basic Books.

Gardner, H. (1993). *Creating Minds.* New York: Basic Books.

Gawain, S. (1978). *Creative Visualization.* Berkeley, Calif.: New World Library

Gazzaniga, M. S. (1988). *Mind Matters: How Mind and Brain Interact to Create Our Conscious Lives.* Boston: Houghton Mifflin.

Gordon, B. (199S). *Memory: Remembering and Forgetting in Everyday Life.* New York: MasterMedia.

Gray, 1. A. (1971). *The Psychology of Fear and Stress.* New York: McGraw-Hill.

Hedges, L. V., Nowell, A. (1995). "Sex Differences in Mental Test Scores, Variability, and Numbers of High-Scoring Individuals." *Science,* 269(5220), 41.

Herrnstein, R. J., Murray, C. (1994). *The Bell Curve.* New York: Free Press.

Hrushesky, Wi.M. (1994, July—August). "Timing is Everything." *The Sciences,* pp. 32—37.

Hughes,J. R., Daaboul, Y., Fino, I. J., Shaw, G. L. (1998). "The 'Mozart Effect' on Epileptiform Activity *Cli ical Electroencephalography, 29,* 109-119.

Iones, S. (1994). *The Language* of *Genes: Unraveling the Mysteries of Human Genetics.* New York: Anchor Books.

Iourdain, R. (1997). *Music, the Brain, and Ecstasy: How Music Captures Our Imagmnation.* New York:

Morrow.

Kagan, J (1966). "Reflection: Impulsivity and Reading Ability in Primary Grade Children." *Child Development, 36,* 609—628.

Kiecolt-Glaser, J. K.,Glaser, R. (1992). "Psychoneuroimmunology: Can Psychological Interventions Modulate Immunity?" *Journal of Consulting and Clin ical Psychology, 60(4),* 569—5 75.

Kimura, D., Hampson, E. (1990, April). *Neural and Hormonal Mechanisms Mediating Sex Differences in Cognition.* Research Bulletin No. 689. London, Ontario, Canada: Department of Psychology, University of Western Ontario.

LeDoux, J. (1996). *The Emotional Brain: The Mysterious Underpinnings of Emotional Life.* New York:

Simon & Schuster.

McKay, M., Davis, M., and Fanning, P. (1995). *Messages: The Communication Skills Book* (2nd ed.). Oakland, Calif.: New Harbinger.

Merzbacher, C. E (1979, April). "A Diet and Exercise Regimen: Its Effect upon Mental Acuity and Personality A Pilot Study" *Perceptual and Motor Skills, 48(2),* 367—371.

Moir, A., Jessel, D. (1991). *Brain Sex: The Real Difference Between Men and Women.* New York:
Carol.

Neeper, A., Gomez-Pinilla, E, Choi, I., Cotman, C. W (1995). "Exercise Raises Brain Neurotrophins." *Nature, 373,* 109.

Ortiz, 1. M. (1997). *The Tao of Music: Sound Psychology.* York Beach, Maine: Samuel Weiser.

Ostrosky-Solís, F., Ardila, A(1986). *El Hemisferio Cerebral Derecho: Un Enfoque Neuropsicológico.* México. Trillas

Ostrosky-Solís, F.,Ardila, A. (eds.).(1988) *"El Lenguaje Oral y Escrito: Investigación en Latinoamérica".* México. Trillas.

Ostrosky-Solís, F; Ardila, A. (eds).(1994*) Cerebro y Lenguaje. Nuevas Perspectivas en la organización cerebral del lenguaje y de los procesos cognoscitivos.* México. Trillas.

Ostrosky-Solís, F., Ardila, A. Chayo-Dichi, R. (1996) *Rehabilitación Neuropsicológica.* Editorial Ariel. Grupo Editorial Planeta.

Ostrosky Solís, F.(1998) Cuando la Memoria Falla. *Ciencias.* 49, 30-35.

Pert, C. B. (1997). *Molecules of Emotion: Why You Feel the Way You Feel.* New York: Scribner.

Pidikiti, R. D.,. (1996) "A New Technique for Improving Rehabilitation of Movement After Stroke: A Pilot Study" *Journal of Rehabilitation Research and Development, 33,* 108 ff.

Pinker, S. (1997). *How the Mind Works.* New York: Norton.

Plutchik, R., Kellerman, H. (Eds.). (1989). *The Measurement of Emotions.* Vol. 4 of *Emotion: Theory, Research, and Experience.* Orlando: Academic Press.

Roizen,M.F. (1999) *Real Age*. Harper Collins .

Robbins, S. P. (1996). *Training in Interpersonal Skills: Tips for Man aging People at Work* (2nd ed.). Englewood Cliffs, N.J.: Prentice Hall.

Rosenthal, R., Hall, J. A., DiMatteo, M. R.,Rogers, P. L. (1979). *Sensitivily to Nonverbal Communication: The PONS Test*. Baltimore: Johns Hopkins University Press.

Rosenthal, R., Jacobson, L. (1968). *Pygmalion in the Classroom*. Austin, Tex.: Holt, Rinehart and Winston.

Schacter, D. (1996). *Searching for Memory*. New York: Basic Books.

Seligman, M.E.P. (1991). *Learned Optimism*. New York: Knopf.

Seligman, M.E.P. (1994). *What You Can Change and What You Can't*. New York: Knopf.

Thompson, 1. G. (1988). *The Psychobiology of Emotions*. New York: Plenum.

Toates, F. (1986). *The Biological Foundations of Behavior*. Bristol, Pa.: Open University Press.

Walsh, A. (1996). *The Science of Love: Understanding Love and Its Effects on Mind and Body* Amherst, N.Y.: Prometheus.

Whybrow, P. C. (1997). *A Mood Apart: Depression, Mania, and Other Afflictions of Self.*New York: Basic Books.

Zatorre, R. 1. (1998, March 17). "Functional Anatomy of Musical Processing in Listeners with Absolute Pitch and Relative Pitch." *Proceedings of the National Academy of Sciences of the United States of America, 95(6)*, 3172—3177.

El tiraje de esta edición consta de
5000 ejemplares y se terminó
de imprimir en el mes de julio del 2002
en Imprentor, S. A. de C.V.